国家出版基金项目
NATIONAL PUBLICATION FOUNDATION

中华文明的印迹

古代桥梁

力与美的交融

GUDAI QIAOLIANG
LI YU MEI DE JIAORONG

田久川　孟宪刚／著

辽宁师范大学出版社
·大连·

图书在版编目 (CIP) 数据

古代桥梁：力与美的交融 / 田久川，孟宪刚著．-- 大连：辽宁师范大学出版社，2021.12（2023.1 重印）
（中华文明的印迹）
ISBN 978-7-5652-3175-9

Ⅰ．①古… Ⅱ．①田… ②孟… Ⅲ．①古建筑－桥－介绍－中国 Ⅳ．① K928.78

中国版本图书馆 CIP 数据核字 (2020) 第 008437 号

中华文明的印迹

古代桥梁
力与美的交融

出 版 人：王　星
策划编辑：王　星　邓丽萍
责任编辑：任　飞　阎莉颖
责任校对：王文燕　朱国光
装帧设计：李小曼
出 版 者：辽宁师范大学出版社
地　　址：大连市黄河路 850 号
网　　址：http://www.lnnup.net
http://www.press.lnnu.edu.cn
邮　　编：116029
营销电话：（0411）82159912　82159913
印 刷 者：大连金华光彩色印刷有限公司
发 行 者：辽宁师范大学出版社
幅面尺寸：170mm × 230mm
印　　张：18
字　　数：300 千字
出版时间：2021 年 12 月第 1 版
印刷时间：2023 年 1 月第 2 次印刷
书　　号：ISBN 978-7-5652-3175-9
定　　价：99.00 元

总序

“中华文明的印迹”丛书，集当代中国文博考古、历史文化领域专家学者的力量，从学术文化视角，依据档案文献，对中国文物古迹进行深入的学术解读与研究，是一部既有较强的学术性又适合大众读者的丛书。

中国是悠久的文明古国，有大量的古迹遗存，这些不可移动的文物就是凝固的历史，是中华文明历史传承的表征，是印证历史、传承文明的载体。数千年来历史的积累和叠加形成的古迹遗存，是中华文明传承不断的历史见证。其保护传承的艰难，甚至战火的摧残，都没有改变和动摇其根基。今天，保护和研究这些老祖宗留下的古迹遗存，是我们的一种神圣职责，辽宁师范大学出版社敏锐地选择这一课题具有独到的眼光。

古迹遗存是文化遗产，是文明实体的标志。中华古迹遗存遍布于960万平方公里的辽阔土地之上。展示中华文明，宣传中华文明，需要各领域的专家学者通力合作，田野考古、踏查闾里、寻访遗存，需要做大量的组织工作和细致的踏查寻访，同时还要查阅大量的档案文献，包括官书方志、笔记丛书、手稿日记等，要完成这样繁杂而艰苦的工作，没有坚守中华文明的信念是很困难的。为此，我们感谢出版社和各路专家的积极策划与辛勤付出。

本套丛书作者的研究方法是独到的，即将古迹遗存与档案文献相结合、相比较，探索文物遗存背后的历史真相。许多古迹遗存由于各种原因，历经磨难甚至战争的摧残，都或损或残。今天对文物的研究和书写就是一种修复和保护，也是对中华文明的传承和发扬，以此给中华民族的子孙后代留下传承中华文明的

依据。因此，我以为“中华文明的印迹”系列丛书具有继承中华文明、观照当代文明、发扬文明传统的意义。

近年来，有些国家标榜其文明优越，贬低其他国家民族文化。“文明冲突论”再次甚嚣尘上，他们害怕失去“自我优越”，进而歪曲历史，贬损其他国家民族的文明。文明是文化的内核和内在价值，文化是文明的外在表现。中国有五千多年的文明历史，是世界上唯一的文明血脉与历史传统未曾中断的大国。人类文明包括物质文明、精神文明与制度文明，文明囊括了人类历史活动的所有建设性成果。“中华文明的印迹”中涉及的古迹遗存有都城、坛庙、建筑、陵墓、桥梁、名塔、长城、瓷窑、名城、古镇，其文化内涵既包含物质文明，也包含精神文明，又包含制度文明。同时，中华文明又有其特殊性和独特价值。当今时代是一个多维度、全媒体时代，外来文化和本土文化的冲突与碰撞愈演愈烈，中华传统文明受到一定的冲击。因此，树立坚定的文化自信、坚守中华文明、宣传中华优秀传统文化，亦成为当务之急，“中华文明的印迹”系列丛书正是应运而生的产物。

著名的老一辈文物研究保护专家罗哲文先生曾经提出“文物古迹的保护，是一种上对祖先、下对子孙后代的千秋大业。因为文物是具有历史、科学、艺术价值的物质遗存，不仅传给我们这一代，还要传给子孙后代，它又是不能再生产的，一旦遭到破坏就不可再得。因此，我们每一个人都负有保护文物的义务和责任”。中华民族的悠久历史和灿烂的文化印迹，就是这些古迹遗存。它们从古到今一直展示在世人面前，代代呵护，代代传承。因为各种原因，尽管古都名城曾遭破坏，殿阁楼亭曾经斑驳，桥塔寺庙曾经残破，遗址陵墓曾经荒芜，但中华儿女追念先祖、传承国脉的初心一直未变。经过一代代人的不断修缮和保护，古迹遗存的历史得以延续。“中华文明的印迹”系列丛书的出版必将大力促进中华大地上几千年来保存下来的古迹遗存得到更有效的保护和传承。

“中华文明的印迹”系列丛书即将付梓，感念先祖，寄望后代，赘言为序。

朱誠如

于北京故宫城隍庙
2021 年 9 月 16 日

目录

序言

第一章 首都内外古桥横——北京地区古桥

第二章 长城南北多雄胜
——北方地区古桥

第三章　画桥三百映江城——苏州地区古桥

第四章　泉州桥梁甲闽中——泉州地区古桥

第五章　玉帛千丈天投虹——西南地区古桥

第七章　采石凝结如天成——园林山水古桥

后　记

序 言

春秋时，郑国贤相子产以广施恩惠于民而为人称许，他常用自己所乘车辆帮助百姓渡河。《孟子》中记载了孟子对子产“以其乘舆济人”一事的评论：“惠爱是够惠爱了，但他尚未通晓为政之大道。如果十一月修成供人行走的桥，十二月修成供车行驶的桥，百姓就不会为渡河困难而发愁了。官员只要把政事搞好了，他外出时让人执鞭开道都可以，哪里用得着一个一个地帮助别人渡河呢！当官从政的人如果一个一个地施恩行惠于人，一个一个地讨人欢心爱戴，时间也会不够用的。”

孟子的宏论，主旨在“论政”，但其中关于桥梁功用问题的思考却很值得人们注意。要过河，遇到深水可以用船，遇到浅水可以用车（高轮车），却都不如用桥。因为桥实际上就是跨水的路，人行其上如履平地，车行其上也无风涛之虞。所以建桥实乃一劳永逸、广济众生之举，为官从政者可由此悟出治国安邦、利民惠众之道。

生养人类的地球，海洋面积约占了地球表面积的71%，远远超过陆地面积，所以管地球叫“水球”似乎也可以。而在有限的陆地之上，又是江河纵横，溪泉奔涌，湖泽棋布，池潭星罗。冰峰巍巍映日月，雪原茫茫接云天。凝冰积雪酷寒水涸之域，自古人迹罕至，而江河两岸、湖泊周围、溪泉之旁乃至沿海地区，却是人类繁衍生息的最佳环境，资利无穷，易为乐国。所以世界上一切古老文明都在这些地方发源，诸如黄河文明、恒河文明、尼罗河文明、两河文明、地中海文明等皆是。但江河湖海却又经常加给人类灭顶之

灾，更普遍造成险阻隔绝之难，再加上高岸深谷、千沟万壑，人类的交际往来、农牧渔猎、迁徙运载、旅游探险等活动便备受局限，举步维艰。

然而，身为万物之灵的人类，能够发挥创造力，改造大自然，战胜种种障碍：服牛驭马乘骆驼，造船造车造飞机，架桥筑梁修阁道，驰骋跨越，横空凌云；或以动或以静，相得益彰；土木金石革骨，各尽其用……进而使交通条件得以改善，生存空间得以扩大，人类获得解放，获得自由，成了“地球的主人”。桥梁的创造和发展，是人类文明史上的绚丽篇章，是人类前进的里程碑。桥梁将力与美汇于一身，是力与美的交融。对迎面而来、举步而过的桥梁，有一定素养的人绝不会视而不见、见而不思。

在数千年的文明史中，世界各国人民建造了不计其数、千姿百态的桥梁。中国是世界文明古国，勤劳智慧的中华儿女在建造桥梁的伟大实践中曾经取得一系列巨大成就。至今犹存的中国古桥成千上万，它们都像饱经沧桑的历史老人，闪耀着中华民族的智慧之光，大多还在继续为祖国人民忠诚服务，其寿命之久令人钦羡，其建造技艺之高更令人惊叹。比起那些帝王生前作威作福的巍峨宫殿、贵族死后安享尊荣的豪华陵墓、道士修身养性的福地洞天、高僧传经说法的灵寺古刹，立足弯腰、拱背卧身以供人马践踏、车辆碾压的桥梁，也许不那么雄伟壮丽，更不会有什么神秘幽玄，可是，在实用性和便民性方面，在科学性和艺术性方面，在研究价值和借鉴意义方面，所有的古桥，哪怕是一座最不起眼的小小古桥，其长处和优势都是不言而喻的。难怪古往今来无数桥梁专家、文士学者和游人旅客都会在它们面前驻足停车，远观近察，下抚上摩，绘影图形，爱国之情沛然而生，民族自豪感勃然而兴，乃至于浮想联翩，诗兴大发，讴歌赞颂，流连忘返。

在关于中国古桥的思索中，人们一般首先想弄清的是桥梁的起源、外国和中国古代桥梁的大概情况以及桥梁建筑工艺的演进等问题。这些也是本书序言会予以简要说明的基本问题。

一 古代桥梁的起源

世间万物，“靡不有初”，桥梁自然也不例外。桥梁是人工建造的，是人类创造性劳动的产物。要进行创造，必须利用自然界提供的条件，即使是一个创造发明的最原始的构想，也离不开自然界已经提供的某种客观存在。人类最初萌生造桥念头很可能是受了自然界中“天生桥”的启迪，还有“倒木桥”等自然存在物，也会促使人类燃起造桥的思想火花。

根据桥身承重结构的不同情况，中外古桥有三种最基本的形式，即拱桥、梁桥和悬索桥。它们的起源，全都仰仗大自然的赐予和启发。

1.“天生桥”与拱桥的起源

拱，是一种外形为弧形的建筑结构（如图序 -1）。从前称实体的拱为“法圈”或“法券”。在竖向荷载作用下，拱主要承受的是“压力”，唯其支座部分会另外引起侧向的力，即“推力”。所以可用抗拉强度较差而抗压强度良好的材料来建造，如石头、砖头和混凝土等。拱桥就是用拱作为桥身主要承重结构的桥。在砖问世之前，拱桥只能是石拱桥，即使在有砖以后，石拱桥也是古代拱桥的主要形式。

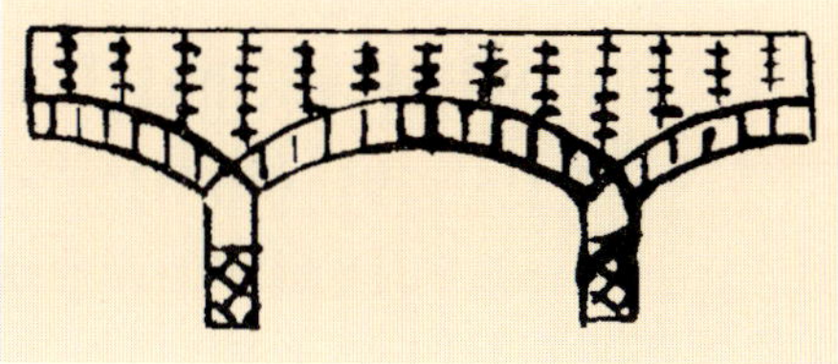

图序 -1 拱示意图

砌拱架桥，技术难度大，因此拱桥的出现晚于梁桥和悬索桥。但大自然自造的“拱桥”，即最主要的一种“天生桥”，却是地球上出现最早的一种“桥”，其诞生时间一般都远远早于人类始祖诞生的时间。天生桥非常坚固，只要创造了它们的母亲——大自然不毁灭它们，它们就会永久屹立。人类祖先同它们相处之早之久，可以说是“与生俱来，世代共存”，而且它们那聚天地之灵气的雄姿矫态，又最能激发人类的想象力和创造欲。

天生桥遍布全球。在西半球，美国犹他州尤以天生桥林立而闻名于世。该州东南部辟有峡谷地国家公园，稍北处有拱国立公园，园内分布天然拱（天生桥）124座。犹他州南部有天然拱凡300多座，其中一座名为“虹桥”。虹桥雄踞泻入科罗拉多河的桥溪峡谷之上，离地94米，足有30多层楼房高，跨距85米，顶部厚13米，宽10米，全由橙红色和玫瑰色砂岩构成，宛如彩虹横空，故名“虹桥”。虹桥气势磅礴，雄奇绝伦。圣胡安地区有奥瓦乔莫巨型天生桥，高出水面33米，跨距59米，桥板厚3米，桥南最狭处亦宽达10.7米。

在东半球，中国也有很多天然拱桥。湖南省沅陵县高华界山下的天生桥，跨距30.1米，桥孔高16.5米，桥面宽2.8米，拱券厚2.4米，两头石墩紧贴大山岩壁，两端连接大山鞍部，坚固牢靠，桥面平坦，人行其上，安然自若。重庆市奉节县龙桥乡的天生桥，名曰龙桥。全长83米，宽8米；拱洞上窄下阔，略呈菱形，宽12.8米，厚36.6米；桥高190余米。其下峡谷幽深陡峭，谷底海拔1 100米，有小河穿过桥洞，蜿蜒流淌。辟为公路岩桥以前，原有人行岩桥，桥南端有石梯20余级，梯上有凉亭，桥两侧又有石栏相护，即使这样，在龙

桥上朝下望一眼也会头晕目眩，胆战心惊。龙桥高度相当于美国虹桥高度的 2 倍多，厚度为虹桥近 2 倍，宽度也胜过虹桥，只是跨距稍逊一筹。但总的来看，东方的龙桥与西方的虹桥足相匹敌，各据一方，争辉斗奇。辽宁省盖州市熊岳望儿山后东侧仙人桥（如图序 –2），本体是一大石梁，经风化作用，中间形成一个弧形石孔，窿然如桥洞，这是大自然积年累月精细加工而成的拱桥。贵州黄果树瀑布附近的一座天生桥，两壁悬崖，中“填”一块巨石，自成拱桥形。云南、浙江等地也都有形态典型的天生桥。山东泰山瞻鲁台西两崖对峙，相隔数米，中有 3 块巨石衔接撑抵，拱悬如桥，下临深涧，其势极为险峻，可望而不可即，因称“仙人桥”。其他如江西贵溪仙人桥，长十余丈（合 30 余米），拱形如月，又名月桥岩；贵州省三都水族自治县雪花洞仙人桥，桥身怪石嶙峋，桥拱内钟乳悬吊，堪称奇观；重庆市武隆区白马山天仙桥，拱如人造。

拱桥优点甚多，建造技术复杂。远古人类不可能从结构力学方面明白拱桥的种种好处，也不可能较早掌握建造拱桥的复杂技术。但人类同石头打交道的历史最久远，最早制造出来并长期使用的工具也是石器，在具有强大诱发力的天然石拱面前，古人即使仿造不出像样的石拱桥，也完全可能利用某些现成材料或将材

图序 –2　辽宁盖州熊岳仙人桥

料稍作加工后造出略具拱形模样的石桥。退一步说，“天生拱”至少会直接诱发古人造桥（不管造什么样的桥）念头的萌生，因而具有普遍的、重要的意义。

2.“石梁”与石梁桥的起源

梁，是一种长条形构件，梁轴一般是水平的，主要承受与轴不平行的荷载。将石梁或木梁架设在沟谷两岸，便成梁桥。这种外形平直的桥，古称平桥。大概由于梁桥出现时间早且建造数量多，我国古代曾长期以“梁”指桥，《说文解字注》引《孟子》《国语》《诗经》等古书有关文字后说：“见于经传者，言‘梁’不言‘桥’也。”桥、梁又可以互训，《说文解字》释“桥”为“水梁”，释“梁”为“水桥”，所以后来常常将“桥”“梁”连称为“桥梁”。

梁桥的构造最简单，其产生的时间自然也最早。古人萌生建造梁桥的念头，同样是受了天然石梁桥的启发。天然石梁桥也是一种天生桥，我国境内就有不少。在山水奇秀、号称“东南第一山”的浙江雁荡山，有东、西、北三大石梁洞，均有石梁横顶。如西石梁洞的大石梁，长数米，石色紫白相间，纹理如芭蕉，因称芭蕉石，两侧有从160米高崖直泻而下的大瀑布。风景最幽奇的北石梁洞附近，有一座举世罕见的仙人桥，相传古时仙人王子晋曾跨鹤吹箫于此，故名。其地山崖中断，如双扉对峙，高200米，石桥横跨其上，形如龟背，长约100米，宽约20米，桥面面积超过2 000平方米，可谓“硕大无朋”。桥下仰望，若开天阙；桥上行步，若游天半，眼前流云如水，山风过时，回荡呼啸，胆子再大的人也不敢昂然久立。浙江省丽水市南明山上石梁，长10余丈（合30余米），横架岩间，梁下为印月池，梁上遍缀古代名人题刻。浙东天台山中方广寺有“石梁飞瀑”胜景（如图序–3），石梁长约2丈（约合7米），宽不过1尺（约合0.33米），两端下削，

图序-3 浙江天台山"石梁飞瀑"

衔接两山，梁顶隆起如龟背。飞瀑自梁底向下喷坠，高数十丈，直泻谷底，声如雷鸣。潭壁有米芾、康有为题刻。浙西衢州石桥山（即烂柯山）则有“石梁惊虹”胜景。

水中置石为桥墩，墩上铺扁薄石板作桥面，即成简单的石梁桥，俗称薄板桥。英国古代居民利用整块扁石建造“拍板桥”（如图序 -4），这也是一种原始的石梁桥。

图序 -4 拍板桥示意图

石梁桥中有一种是堤梁式的，它的起源其实就是人们常说的“踩着石头过河”。眼前河面不宽，却又不能跨跳过去，为难之际，忽见水中矗露岩石，于是一步踏上，再一步便跃上对岸。这一连串动作连一些动物都会做，更不用说人了。如果水中岩石不够，人自然会找来石头置于水中，以解决问题。由此发展下去，堆石成堤，一座原始的堤梁桥便诞生了。

《拾遗记》说：“舜命禹疏川奠岳，济巨海，鼋鼍以为桥梁。”鼋亦称绿团鱼，俗称癞头鼋，生活于河中；鼍亦称扬子鳄，俗称猪婆龙，生活在池沼底部。两者都是爬行类动物，前者圆而后者长。所谓“鼋鼍以为桥梁”，当指用形如两物的卵石和条石堆积于水中，造成堤梁式桥梁，今称“过水梁”。

水中石梁并不罕见，有的还是天生堤梁式石桥。重庆市涪陵区北部的长江中，有白鹤梁石鱼。梁长 1 600 米，宽 10 余米，冬春枯水时露出脊背，是长江中上游著名的水文古迹。石梁上有唐广德二年（764 年）至近代的石刻题记 163 段，鱼图 14 幅，断续记录了 72 个年份的历史枯水位情况，有重大研究价值。白鹤梁东北，云阳县城外濒长江南岸的飞凤山麓有张桓侯（张飞）庙，庙前江中有俗称龙脊石的大石梁，长 200 余米，上有宋元祐三年（1088 年）以来历代石刻题记，共 170 余家，也是珍贵的历史水文资料。湖北省秭归县境内长江崆岭峡崆岭滩，乱石暗礁密布，著名者即有

"二十四珠"。其中"大珠"石梁长约220米，宽40余米，高约15米，凸露水面，与邻近的"二珠""三珠"号称"三石联珠"。山东崂山白龙涧中，有累累巨石横跨两岸，涧水自石隙下泻，俗称仙人桥。此类"仙人桥"海中也有。西欧北爱尔兰与苏格兰的北海峡有巨大岩礁，叫作"大力士堤道"，相传古时有大力士走过。印度和斯里兰卡间也有此类传说。有关"仙人""大力士"堤梁桥的种种传说应是人类在自然物的启迪下已能造桥后才产生的。

3."倒木桥"与木梁桥的起源

木梁桥最原始的形式是圆木梁式的独木桥。有时被大风刮倒的树木落在小河上，横跨两岸，就成了独木桥。"倒木成桥"的巧事多有传闻，古书中也有明确记载。《畿辅通志》记述："保定县（今河北省新镇县），河水环绕，行者病涉。岸有古柏，忽倒置河中，如桥可渡，迄今相沿。"《湖北通志》记载："巴东县……龙巢溪，溪崖绝陆，不可为桥。相传明成化二年（1466年），忽水漂来一大木，横架其上，行人得以攀缘而渡，故名飞桥，至今尚存。"广东省佛山市顺德区的树生桥，桥龄已达400余岁。

在树多水多的遥远古代，倒木成桥的现象自然会更多，频频给人以启发。于是在天造的独木桥之外，也就有了人造的独木桥。后来结构稍复杂的木梁桥也出现了。

4."缘木而渡"与悬索桥的起源

悬索桥或称悬桥、索桥、吊桥。现代悬索桥一般是用悬挂的高强度钢缆索作为桥身主要承重结构，缆索绕过桥墩上的塔顶，锚则固定于桥两端或两岸岩石，桥面用吊索挂在缆索上（如图序-5）。悬索桥常用以跨越山谷、大河、港湾和海峡，是一种在材料力学和结构力学方面都非常讲究的、建造技术难度很大、对质量要求很高的桥梁。因是悬式且又用高强度钢丝，主要杆件承受拉

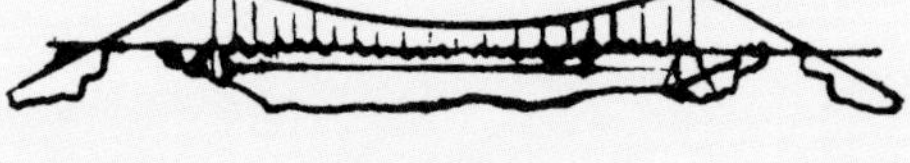

图序-5 悬索桥示意图

力，有效利用率也最高，加上其他因素，悬索桥的发展前途可以说是别类桥梁无法望其项背的。

然而，如此“高、精、尖”的桥梁，其祖型却是用藤、竹、树枝、绳索等物缚架而成的原始索桥。古书上名为笮桥、绳桥、絙桥者，皆是索桥。

索桥源于“缘木而渡”。人类祖先类人猿栖居树上，抓住一棵树的枝条荡到另一棵上，是“家常便饭”。后来下树穴居，成了原始人，仍不能远离森林，因为总要到林中打猎，采集和砍、拾树枝烧火及制造木棒等工具，“缘木而渡”还会时常发生。发现树藤条能从一树引过坑谷，转到对岸另一树，他们便会本能地爬上树，抓住藤条树枝，越过坑谷以达彼岸树上，再爬下来。热带、亚热带地区盛产藤、竹，各种树木遮天蔽日，为缚造原始悬索桥提供了丰富的材料和广阔的“创造意境”。直到现在，悬索桥在这些地区依然是常见之物。

在大自然的赐予、启迪下，原始人通过长期实践，反复观察思索，模仿试验，终于造出了悬索桥、梁桥和拱桥这三种基本形式的桥梁。随着历史长河的奔流，随着人类体质的进步和智力的提高，随着造桥实践经验的积累和技术的改进，已有形式的桥梁便越造越好，而新的桥梁形式也逐渐涌现出来。

二 原始社会末期的桥梁

原始社会最后阶段的新石器时代，大约始于七八千年前，人们开始定居生活，广泛使用磨制石器，并能制陶和纺织，手工业与农业分工，最后进入金石并用时代。新石器时代是私有制、奴役制和阶级关系产生、发展、形成的时代，并逐渐出现了国家的雏形——部落联盟。部落之间、联盟之间经常发生战争，并且越来越频繁，规模越来越大，征程越来越远，对桥的需要也就越来越强烈了。为了进攻时跨渡海湾和江河，便建造浮桥；为了自卫时便于自家军队退守城堡，并能借助河沟挡住敌军，便建造活动桥。又因军事运输，需要加宽桥面，加固桥墩，有时便用树的枝条交错铺平，制成粗糙的柳条墩，内填卵石泥土。在法国，至今还可见到这种古墩的遗迹，它们是古代高卢人在被罗马征服以前造的。

中国浙江余姚河姆渡文化遗址已发现带榫卯的木梁柱，英国伦敦泰晤士河底有橡木框原始墩基，瑞士和意大利有水上桩屋遗迹，而瑞典华伦吐纳附近已干涸的小海湾中更有上千根栎木桥柱的残迹。大量考古资料表明，当时的造桥技术和造桥规模都有明显发展，人们已能建造梁柱结构的桥和大跨距桥了。不过，当时一般认为环水而居可借水阻敌，利于安全自卫，必要时还要大挖深堑围壕，故所造之桥亦多为临时性的、活动性的，便于随时拆除。后世“护城河”及其上面可以随时起落的吊桥，正遵循了这种古老遗制。西安半坡遗址便有一条大围沟，上宽五六米，深五六米，沟中常有流水。推测当年必有临时性桥梁以通内外，并与壕堑一起作为御敌御兽的重要设施。

随着社会分工的扩大和生产、商业贸易的发展以及部落间相互联系的日益密切，特别是部落联盟的出现，部族成员一起生活的共同地域空前扩大，各种永久、半永久性的桥梁便纷纷问世了。

石桥易存，所以今存原始桥梁大都是石桥。如英国达特河的石板桥，为石柱石梁结构。河中两个石碇用扁平石叠砌；桥面亦用石逐层筑成。西班牙、埃及、希腊等国家，以及小亚细亚、两河流域等地也都存有这种原始石桥。希腊史前桥梁大都用重型墩台，台上纵向铺设窄石板，并用铁钉与石墩相连。也有用料石逐层悬臂砌成的桥墩，两方相合于跨中，成为悬臂拱式。小亚细亚迈利兹河上的一座单跨古桥，跨径 12.2 米，供沙漠篷车通行。此桥至今仍在使用，可能是今存最古老的一座古桥。

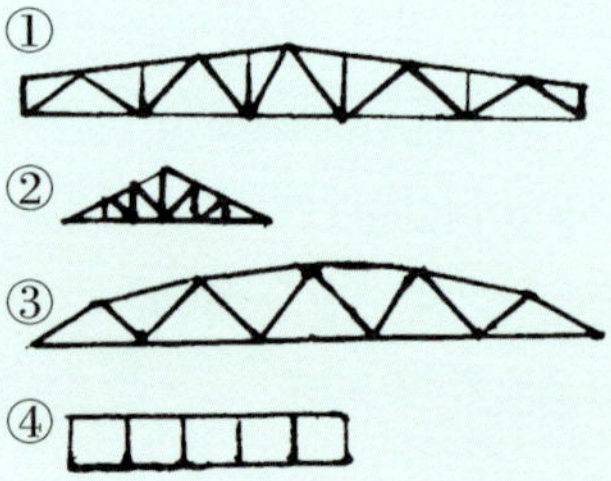

图序 -6　桁架示意图
①②③桁架　④空腹桁架

木桥易朽，今存原始木桥某些遗迹，如前述瑞士华伦吐纳干涸小海湾保存有千根栎木桥柱残迹等。中南欧河湖广布，早期瑞士“湖居人”住在湖中小木屋里，屋下为木平台，为建平台，须有支撑，由此发明了在湖床打木桩的施工方法，推而广之，便创造出木栈桥，又创造出三角形屋顶，为粗糙的桁梁（如图序 -6）。木桩基础和桁梁结构都是后世桥梁建筑常见的，其制作原理应说是湖居人发现的。

原始社会末期，木桥梁建造水平已明显提高。如中北欧居民为加宽木桥而在两侧铺上两根圆木，感到不平难行，遂将圆木粗略砍平，并填塞土或草于缝隙中。在跨径增大、木梁下垂挠度加大时，便在梁下立一圆木以增强支撑力，即成木栈桥。更有将两根圆木分铺两侧，上铺树枝，再填泥土，构成原始桥面。中国这时已出现由数根圆木排拼而成的木梁桥，推测当时也有桥面。

悬索桥建造技术也已改进，据研究，当时悬索桥有四种形式。第一种为桥面直接置于悬索上，见于秘鲁阿普里马克河地区。秘鲁原始人用龙舌兰属纤维茎编成缆索，改良自然悬桥，跨径 85 米，高 36 米，直到 20 世纪末仍在使用。据说部落要建围猎场而为深谷急流所阻，长老决定造悬桥。于是派善泳者渡至对岸，此岸则将套有线圈、圈末系细线并续绳索的箭射过去，对岸善泳者接箭后由线拉到绳索。反复多次，缆索便越谷而悬起。过谷缆索分为两组，每组隔 1. 22 米设一吊杆，校正挠度和下垂度；再压实缆索，增强承载力；索端固定于岸树岩石；最后将剪切的树枝用皮或麻与缆索连成人行道。第二种为吊篮在单索上运行，以中国为最早出现地，俗称溜索。篮在索上滑动，人坐篮中，上有滑车。单索卡在滑车轮槽中，人靠自重滑至对岸。澜沧江上更有可过连人带马的溜索桥。第三种为吊床式或 V 形、管式，中国、印度及非洲中、南部皆有。做法是用纤维茎编成的四根绳索平行悬铺过谷，上下各一对。怒江流域的原始藤桥（如图序 –7）即如此。V 形或管式悬桥见于西藏，如珞瑜地区旁固村藤网桥，长达 130 余米。第四种为悬索下垂桥面，常见于喜马拉雅山地区。做法是跨谷悬铺平行绳索，下垂吊杆，承载路面。

图序 –7　怒江流域的原始藤桥示意图

三 中外古代桥梁的演进

经过漫长的岁月，尼罗河流域、两河流域、黄河流域、印度河与恒河流域、地中海北部岛陆等地的居民约从公元前 3000 年开始先后迈进文明的门槛，分别建立起古埃及、古巴比伦、中国、古印度、古希腊与古罗马等早期国家。由于日益广泛地使用金属工具及其他原因，造桥事业得以不断发展，桥容桥貌日新月异。虽经自然的、人为的累世破坏，却仍有许多古桥留存至今。

1. 古代外国桥梁

尼罗河谷地的埃及人自远古时代就已开始凿石制砖，建立水利系统。公元前 3000 年前后，上下埃及两王国统一，到公元前 332 年为止共历 30 个王朝，公元前 30 年并入罗马版图。古埃及人大修金字塔及宫殿、神庙、道路和庞大的水利工程，以其建筑技术和科学知识水平而论，造桥是毫无问题的，而其所处地区也正需大造桥梁，相传古埃及人早已在尼罗河上架过桥。

在与埃及同属北非西亚大干旱地带的两河流域，苏美尔人早在公元前 5000 年以前就开始了农业定居。因当地缺少石料和燃料，他们便将土坯制成砖，用于建筑，建造叠涩拱，由此而往，至罗马发展为半圆拱，乃至后世的穹窿圆顶。公元前 3000—公元前 2500 年，苏美尔地区开始形成城市国家，公元前 18 世纪古巴比伦第六代国王汉谟拉比完成了两河流域的统一，在公元前 1595 年为赫梯王国所灭，后于公元前 626 年又有新巴比伦王国兴起（至公元前 538 年）。估计巴比伦城居民多达 200 万以上，靠郊区人民通过河网输送粮食及其他农副产品。那里的运河上桥梁甚多，与其他建筑物的规模、等级相称。巴比伦城围以高 107 米、厚 26.5 米的砖墙，并有 350 座塔镇护，墙外有深沟。公元前 783 年巴比伦皇后尼德罗克利斯在宫城跨幼发拉底河造木屋桥，长 200 米，宽 11 米，深水中置石墩 100 个，以铁链和熔铅连接石块而成，上部为木梁，中有活动孔。为防盗防敌，夜晚要撤除桥面。尼尼微有圣奈赫里勃输水桥遗迹，集溪 18 条，长 300 米，宽 15 米，中开泄水孔 5 个，用水平层假拱砌建，建于公元前 7 世纪。相传尼罗姆曾下令在巴比伦跨幼发拉底河建造单跨砖拱桥，跨径长约 200 米，宽 9.2 米，河旁码头做桥台，桥两端直通王宫，河下还有砖砌隧道接通。

连接北非、西亚和南欧的地中海，有许多半岛和岛屿，其东北部爱琴海诸岛与沿海地区是古代爱琴文明、希腊文明的发源地。公元前 2000 年左右，克里特岛已出现国家，建造了克诺萨斯等宏大王宫，并与古埃及发生了联系。克诺萨斯王宫中央为长方形庭院，四面以多种宫殿楼屋室库环抱而成，各建筑间有长廊、复道、门厅、阶梯等相连接，千门百户，曲折通达，宫外有表演斗牛戏的剧场。复道是高楼间或山岩险要处架空的通道，是桥梁的一种。由此推测克里特人完全能够建造其他形式的桥梁。

克里特文化对海峡西北希腊伯罗奔尼撒半岛的迈锡尼等地的进步产生了重大影响，公元前 1500 年左右迈锡尼国家已形成，并占领克里特。公元前 12 世纪西北希腊部分民族汹涌南下，定居下来的各族进入向奴隶制过渡的荷马时代（公元前 12—公元前 9 世纪），当时所建石桥有的还留存至今（见前文）。希腊人曾建有架通陆地与埃博厄岛的木桥，长 60 米，桥上建碉堡。在帕米苏斯河口及其支流上，今存古希腊桥梁一座，桥跨三河，各通一方，桥墩有三角形破水尖，全桥共 7 墩 4 台。马其顿时代（公元前 337—公元前 146 年），亚历山大连年东征，建立起横跨欧、亚、非三洲的大帝国，造桥修路大胜往昔，通达国道和优良桥梁已成为帝国威力与荣誉的象征。亚历山大大帝东征印度期间，军中以皮筏内塞草成浮筒，用时连为浮桥，输送将士渡河。公元前 280 年，古希腊伊庇鲁斯国王皮洛士率兵渡亚得里亚海抵南意大利与罗马交战，也曾在海湾建造过渡海浮桥。

两河流域美索不达米亚平原以东的伊朗，也是个有四五千年历史的古国，公元前6世纪波斯帝国曾盛极一时，波斯人从两河流域和埃及学习砖筑技术，并首创尖拱，以“之”字形尖拱桥及浮桥著称于世。尖拱对拱体压力小，得以推广。据希罗多德记载，从萨格到苏萨路上的桥头哨所多达110个，表明波斯当时桥梁很多。今伊朗胡泽斯坦省迪兹河迪兹孚尔、卡伦河舒斯脱两古桥，已受罗马影响，桥墩上开有泄水孔。前者约建于公元前400—公元前350年，长383米，墩前有圆弧形分水尖；细石拱23孔，旧为椭圆形，后改尖拱；拱脚线以上有半圆形小拱。该桥被认为是使用罗马方法建造的第一座波斯桥（如图序-8）。后者建于公元前5世纪，长516.4米，混凝土墩台，外贴石块，共41孔，呈“之”字形，桥跨河，有12弯（如图序-9）。

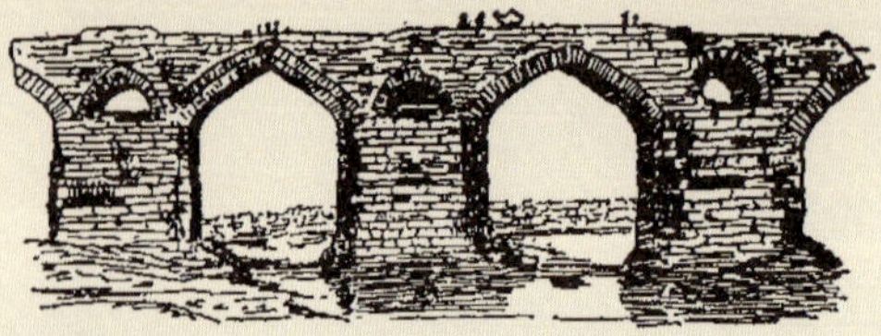
图序-8 迪兹孚尔桥示意图

图序-9 舒斯脱桥示意图

古波斯人曾在对埃及、巴比伦、希腊等战争中大造浮桥。公元前538年，波斯帝国创立者居鲁士攻夺巴比伦城，以充气皮筏运兵。两年后，其工程师建造了浮桥，输送军队。大流士一世时，帝国版图横跨欧、亚、非三洲。为渡多瑙河，他下令造浮桥。公元前493年进军希腊，为了横渡博斯普鲁斯海峡，首席建桥人门特罗克尔斯（历史上最早明确记载的建桥人）奉命造浮桥，供60万人渡水。薛西斯一世渡赫勒斯滂海峡（今达达尼尔海峡），亦令总工程师造浮桥。因风暴大作，浮桥局部被毁，军中又有反抗言行。薛西斯一世大怒，挥鞭抽击水面三百下，投入手铐一副以“惩罚水神”，又祭牲敬神，重新开工，另任著名科学家哈帕勒斯为总工程师，造桥遂大功告成。其造法是：用三层桨战船360艘顺流并排成列，另一行以船314艘平行排列，船用大锚锚系；利用当地码头，以缆索连接各船，每边6根，用绞车绞紧；上铺桥面，两侧有防护措施，以免牲畜过桥见水受惊。于是，200万波斯大军在7天7夜内便渡水完毕。这一巨型军用浮桥是世界桥梁史上的一大奇迹（如图序 -10）。

图序 -10　哈帕勒斯监造的军用大浮桥示意图

地中海北岸与希腊一衣带水的意大利，上古时代曾书写过古罗马的辉煌篇章，在世界桥梁史上更有值得大书特书的一页。图拉真皇帝在位时（98—117年）版图最大，出现了“条条大道通罗马”的空前盛况。如英国即使在隔海的偏远行省也都建有驰道，至今遗迹犹存。道路上的桥梁十分讲究。大体说来，罗马人在公元前700—公元前600年是在石墩上做托梁，跨中耦合成假尖拱；公元前600—公元前500年用半圆形拱，此后成为罗马拱桥标准形式。拱石密切吻合，磨合为一，接缝处则以铁箍相连。造桥工程质量要求甚高，据说施工者完工后还要负责维修，保持良好情况40年才能得到末次工程款。另外，政府还设有专管包括桥梁在内的道路监等官员，担负修筑与保养等职责。所以，罗马桥梁大都经久耐用，美观大方。如养育古罗马早期城邦国民的台伯河，有桥8座，今存6座，两千多年来虽遭数十次特大洪水以及地震、战争等破坏，却屹立至今。

由于年代久远，破坏严重，当初遍布罗马各地的桥梁大都消失了。但遗存至今者犹有 60 座，普通桥和输水桥各半，分布在意大利、西班牙、法国者分别为 30、10、8 座，余者分散在土耳其和亚非国家等处。最著名的桥有以下几座。米尔文桥，约建于公元前 100 年，为当时典型桥梁，有 7 跨，总长 126 米。此桥雕饰精美，抗压力强，第二次世界大战中曾 3 次通过坦克纵队，而变形程度却比 1930 年前后建于台伯河上游的一座曾用大理石镶嵌的钢筋混凝土桥还要小。里米尼桥，罗马帝国创立者奥古斯都敕令所建（约在公元前 27 年—14 年间），有径长 8.01~10.56 米的半圆拱 5 个，各墩由半露柱支撑着古典三角楣饰，重型飞檐，由一系列牛腿支撑，为罗马古桥中最优美动人者。16 世纪意大利建筑师帕拉迪奥设计的巴拉第和式桥即以此桥为蓝本，16—17 世纪欧洲各国模仿此桥建造了许多新桥。图拉真桥位于匈牙利多瑙河上（如图序 -11）。

图序 -11　图拉真桥示意图

公元 104 年该桥由著名工程师阿波罗陀鲁斯指导建成，长 1 200~1 380 米，高 46 米，宽 18.4 米。原为浮桥或粗木段桥，后为细石工墩 20 孔木拱桥，后被毁，现有残墩。在 30 米高的图拉真记功柱上也有此桥浮雕。阿尔坎塔拉桥，为纪念图拉真，由拉塞在 98—105 年建成，跨塔古斯河。半圆拱 6 个，中央有塔，桥宽 8 米，高达 72 米，桥面高出水面 62.5 米，矗立近两千年，堪与埃及金字塔、罗马圆形广场媲美。大型拱块尺寸精确，几乎不需砂浆，也无装饰。如此高大的拱架，建造时是怎样做支架的？又是怎样将 8 吨重的大石块举过 45. 75 米的？凡此种种皆令人百思不解。拉塞死后即葬桥旁岸上，中央塔上刻字，意为“我已离开万古千秋的桥”。圣·安琪罗桥，图拉真继承者哈德良皇帝于 135 年所建，跨台伯河，连接马休斯营地和皇陵。有三主拱、五小拱，桥宽 10 米余，有桥上屋子和雕像。15 世纪重修，建筑师阿尔培蒂说：“往时桥上建屋，旁以云石柱四十有二，黄铜为顶并装饰。”17 世纪建筑师贝尔尼尼为加强空间美感，改造廊屋为列像柱廊，两旁布置天使，以表示天使欢迎朝圣香客之意，故此桥又名天使桥。还有建于公元前 7 世纪的苏布里齐桥、建于公元前 178 年而以装饰繁华闻名的罗托桥等，也都是上古名桥。

另据古罗马“祖国之父”恺撒的记述，公元前 55 年远征莱茵河一带时，曾建成木栈桥，长 550 米，宽 12.2 米。该桥名为恺撒桥，也是名桥，惜不存。

古罗马桥梁中最有特色并足以表明当时文化高度的是那些输水桥。当时在罗马帝国中心和各行省修筑了许多输水道，有时是地上运河，有时是高于地面的输水桥槽，今存 30 座。公元前 34 年，奥古斯都的女婿阿格里帕任给水官，积极发展给水系统和公用事业，数千人同浴的公共浴场和喷泉等用水均依靠输水道。4 世纪以后，先后建筑输水道十余条以保证罗马城供水，至今有 4 条仍在使用。在意大利，输水桥的一二层最早用块石，后用混凝土，最后又用块石；西班牙、叙利亚等行省则都用块石。著名的加尔德输水桥，跨加尔德河，为法国尼姆城供水。桥共 3 层，底层 6 拱，中层 11 拱，上层 36 小拱，支撑水槽。顶层总长 270 米，最高处高出水面 48.8 米。水槽宽 1.22 米，高 1.45 米，顶覆石板；块石以铁箍相连，每石重 6 吨。经 1743 年大修后，下层可通汽车。该桥布局得当，雄伟宏壮，令人叹为观止。著名的塞哥维亚输水桥，建于 100—115 年，系图拉真时代所遗伟大的罗马工程之一，位于西班牙。桥分二层，中部高 36.6 米，共 109 拱（其中 30 拱是后加的），桥料为块石，不用砂浆，总长达 760 米。

古印度也是世界文明发源地之一。公元前 2500—公元前 1500 年哈拉帕文化时期，城市已经形成并有相当大的规模。摩亨约·达罗古城街道转弯处的墙角已砌成圆形，下有排水道，用砖按支柱拱形砌成，房屋一般也都用砖建造，并有许多二层楼。有这种高超的建筑技术，造桥自然轻而易举。惜无多少遗存可考。

欧洲中世纪宗教盛行，战火纷飞，桥梁建设长期停滞，直到 11—14 世纪才有所恢复，而所造桥梁又远逊于古罗马桥。许多桥梁都成为战争与宗教的缩影，狭窄桥段、桥台式重型墩以及防御墙、保卫塔、战争纪念建筑物、教堂、雕塑十字架等无所不有，军用与宗教用合二为一，堪称“多功能”。而墩身臃肿，阻碍流水，常需修理；因石工没有罗马人的凿石技艺，故难造圆拱，只得多造精确度差的尖拱；又因天然水泥知识失传（18 世纪末才重被发现），只好使用石灰与胶灰合成的胶泥涂抹石面，以遮掩其粗陋。

像中国一样，西方人也把修桥铺路看作行善积德之事，宗教界人士对此表现得更为积极主动。每当路桥破损时，当地主教便会赐予出钱出力修复路桥者赦罪符，地方政府也会给予补助，以玉成其事。查理曼帝国查理大帝时（768—814 年），将养护路桥的任务明确交给教会，另有由若干民户或若干个人负责其事之法。欧洲中世纪还有许多由僧侣和俗人组成的“护桥兄弟会”。桥头渡口往往建有房屋，供旅客休息和防盗。为维修桥梁，还征收人车过桥税和船舶通过桥下税。在造、护桥梁方面，英国比法国做得好。英国伦敦罗切斯脱、彼得福两桥财源旺盛，维修旧桥和建造新桥款项充盈，并有资助教育事业和慈善事业的余款。英国护桥兄弟会僧侣柯尔丘什于 1176—1209 年建造了旧伦敦桥，跨泰晤士河，长 286.7 米，宽 3.66~6.1 米，有尖拱 19 孔和活动孔一个。桥上原有二门和一座小教堂，后来陆续建造大批木房，有 4 层高楼，开设店铺；桥下有利用潮汛运作的机械，可提高水位以供城市用水。为建此桥，曾有过大规模群众性捐献活动，至 1830 年才易建为新伦敦桥。600 余年间，在旧伦敦桥曾上演过竞技比赛、赛会、皇家仪仗检阅、歌咏与舞蹈等盛会，也发生过骇人的大火灾。意大利维希和桥也是中世纪欧洲的名桥。该桥位于佛罗伦萨，跨阿尔诺河，是当地古桥中最令人神往、最重要的一座，建于1117年，1345年重建，有人说古罗马时已有此桥。此桥是三跨圆弧拱，径长分别为27.8米、29.2米、27.8米，总宽度32米，系文艺复兴巨匠、建筑师加迪设计。诗人郎弗罗写有桥的自白诗。桥面两旁开设珠宝店，中间顶屋为人行道，有顶盖，所成走廊为皮蒂、杜卡尔两宫间通道。

文艺复兴时代（14—16世纪），许多科学家、艺术家同时也是杰出的建筑师和桥梁专家，达·芬奇就是这样的人。16世纪意大利建筑师帕拉迪奥利用古希腊罗马的设计原理，复兴古典建筑学派，创立帕拉迪奥式桥梁，使之遍布意大利，并影响到房屋外形建筑，优美典雅，风行一时。他发明的桁架代替了罗马拱，有建造经济、跨径增大、可用短梁等优点。当时所建桥梁艺术色彩浓厚，外部装饰华美。为省工省钱，帕拉迪奥还发明了施工机械。其名桥有以下几座。威尼斯里雅托桥，它是威尼斯城400余座桥梁中别具一格的古桥，最为有名，西方家庭中常悬此桥图片以为装饰。12世纪时该桥为木桥，过桥收费，又称摇钱桥。1450年菲里特里克三世进城，皇家仪仗队豪华庞大，过桥时造成断桥事故。后将此桥加宽并在桥面增设店铺。15世纪末重建为木屋桥，可通无桅船，有桅船亦可在能启闭的悬臂下通过。桥图存于文艺复兴画卷中。1592年改建成纪念性石桥，长48.2米，宽22. 95米。两旁有店铺两排，中有通道，每排6个店铺，共24个店铺；中央有横道，拱顶，连接通道和两旁人行道，成为拱廊；人行道用大理石做台阶，两侧为精美栏杆；拱券和肩墙装饰天使像，雕版亦皆大理石；桥头沿运河建台阶，通人行道，成拱廊，线条之美令人赏心悦目。此桥被誉为“文艺复兴时代最佳建筑物”，简洁，和谐，圬工高贵，在连接“水都”威尼斯120余岛的400余桥中独领风骚。巴黎新桥，为塞纳河两岸与城岛间交通要道，法王亨利三世敕命修建，工期为1578—1604年。分二桥，左岸至岛、右岸至岛分别为5孔、7孔，半圆形

拱，两旁人行道高出路面两级台阶。有棚店、瞭望台、栏杆、灯柱等。城岛与左岸间交通繁忙，为巴黎最繁忙最活跃中心达两个世纪以上，城岛上的亨利四世骑马像，日夜望着人群。1853 年曾予改造，圆拱下又加半椭圆拱，总长 330 米。

中古晚期，世界其他地区也多有优美桥梁，伊朗古都伊斯法罕建于阿巴斯大帝朝（1587—1628 年）的卡珠桥、哈逊湾桥便是杰出代表。两桥装饰富丽，雅致如画，具有印度与摩尔式建筑特征。卡珠桥长 300 米，宽 13.8 米，两旁有 3 米宽廊屋，高出路面，贯通全桥；走廊有窗，可观赏河上风光，又有空旷平台；36 拱，径 5.5 米。哈逊湾桥与之略似，比之较短（长约 125 米）。

2. 古代中国桥梁

威尼斯商人之子、意大利旅行家马可·波罗 13 世纪时曾游历中国并长期任职于元朝，在其名著《马可·波罗游记》中详记今北京、杭州等地桥梁，认为世界上可能没有任何桥梁可与北京卢沟桥相比。300 年后，一位来华葡萄牙人归国后也曾大讲闽中石桥数量之多、石梁之巨与雕琢之精，盛赞赣县（今江西省赣州市赣县区）浮桥之妙，认为“全世界建筑工人应数中国第一”。当今世界著名科学技术史专家、剑桥大学李约瑟教授在其巨著《中国科学技术史》中说，中国造桥事业“在宋代有一个惊人的发展，造了一系列巨大的板梁桥，特别是福建，在中国其他地方或国外任何地方都找不到能同它们相比的”，它们“几乎每座都是非常美观的”，“是合理与浪漫的巧妙结合”。至少可以说，中国古桥在 14 世纪以前是处于世界领先地位的，其技术水平和艺术水平都无愧于“文明古国”这一称号。

周秦以来，各地所建桥梁不计其数，至今尚存的著名古桥也有百余座，另有数以千计的古桥见之于历代文献中，而今已湮没无闻。兹据文献与实物资料分类略述其梗概。一些今存名桥将在正文各章中详述，此处稍涉即止。

（1）浮桥

古称浮桥为舟梁，因以舟船当作桥墩而有“舟桥”“浮航”“浮桁”之名，系临时性桥梁。浮桥架设简便迅速，常用于战争，故又有“战桥”之称。据研究，中国浮桥的发展历程为：简单并舟为梁—舟船间采取置板其上等类联系—连接两岸铁索以固定之—用锚锭加强舟船的稳定性。

浮桥是临时性桥梁，通常用完即拆，即使不拆也不易久存，所以现在所能见到的浮桥没有很古老的，桥龄数十年者就很了不起了。

但与浮桥相关的文献资料则非常丰富，历代广有记述，从中可以看出中国建造浮桥的历史不仅发轫早，而且历久不衰。

《诗·大雅·大明》云：“文定厥祥，亲迎于渭。造舟为梁，不（丕）显其光。”说的是公元前12世纪时，周文王以礼占定吉日，亲迎于渭水之滨，娶太姒为妻，为此特在渭水上架起了一座浮桥，婚礼盛大，荣耀非常。这是我国建造浮桥最早的记录。前已述及波斯王大流士一世侵略希腊时在博斯普鲁斯海峡建造过浮桥（事在公元前493年），西方说它是“世界上最早的浮桥”。而周文王所造浮桥要比它早6个世纪以上。周礼规定唯天子可用此类浮桥，用毕还要立即拆除，很有些神圣性。但到“礼崩乐坏”的春秋之际，这一陈规也不复存在了。公元前541年，秦景公之弟后子针逃奔到晋国，有车千乘，在临晋故城西南蒲津关（在今陕西省大荔县朝邑镇东）黄河上架设了浮桥，堪称第一座黄河大桥。

秦汉以后，浮桥建造之事越来越多。33年，益州割据者公孙述遣其将任满、田戎等在今湖北省宜昌市东南虎牙山附近长江上架起一座浮桥。《后汉书·岑彭传》说田戎等“横江水起浮桥、斗楼，立欑柱绝水道，结营山上，以拒汉兵”。光武帝大将岑彭“数攻之”，皆“不利”，直到35年才利用“天风狂急”之机纵火烧毁之。可见这座浮桥建造得非同一般，亦堪称第一座长江大桥。

东汉末曹操曾在渭水上建浮桥；西晋大将杜预曾在富平津架

浮桥渡黄河，即河阳浮桥，经历代重修，直至北宋政和七年（1117年）重建，延续竟长达800余年，破浮桥史之记录；535年西魏在蒲坂处连造三道浮桥渡河；西魏还曾在洛阳建永桥（浮桥），南北两岸立华表，高20丈（合66.67米）。

隋大业元年（605年）在洛阳洛水上建成的天津桥，是首次以铁链连舟而成的浮桥。唐太宗曾乘车渡过此桥，赋诗云："暂低逢辇度，还高值浪惊。水摇文鹢动，缆转锦花萦。"隋朝还在蒲津、孟津等处建过浮桥。唐开元九年（721年）建蒲津浮桥，以铁链代替竹索。宋太祖开宝七年（974年）采纳樊若水之策，遣将造龙船数千艘，并以大舰载巨缅，在长江中造浮桥以渡军攻南唐。宋军先在石牌（今安徽省怀宁县）试架成功，大将曹彬连克多城后，太祖令将浮桥移至采石矶，"三日而成，不差尺寸，大兵过之，如履平地"（《续资治通鉴》宋纪八）。南唐后主李煜原先听说宋军要在长江中造浮桥，还嘲笑不过是"儿戏"罢了，待到曹彬兵临城下才惊慌失措，急忙出兵争夺采石矶浮桥，当即被击破，不久连国都金陵（今南京市）也落于敌手，后主君臣都成了俘虏。采石矶浮桥并非第一座长江大桥，900余年前公孙述早已建过了，史书明载其事，而李后主君臣却断言"载籍已（以）来，长江无为梁之事"。这种不学无术的昏愦之徒早该随"一江春水"而去！

北宋大中祥符八年（1015年），陕府澶州造活动浮桥（如图序-12），以脚船为之，可组成立交，根据河床深浅配用。这在浮

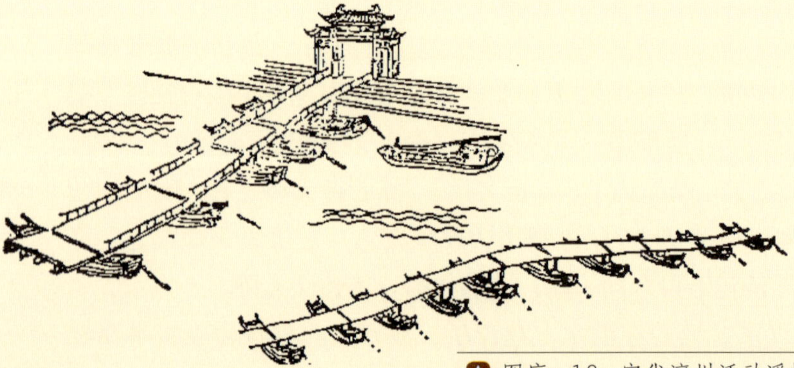

图序-12　宋代澶州活动浮桥示意图

桥史上也是一项值得重视的成就。元世祖时，入川元军在长江上游的一些支流上架设浮桥 20 余座。

及至清末，太平军在武汉战役中大造浮桥，规模空前，作用巨大。1852 年 12 月 23 日太平军克汉阳，围省城武昌。于是就地取材，先在江岸各连数船成若干浮桥单元，驶入江中后组拼成整桥，一夜之间在汉阳至武昌间江面架起浮桥 2 座，总长 3 000 米。克汉口后又架设了汉阳至汉口间的浮桥。三大浮桥使武汉各地太平军 10 万人马连成一片，水陆相辅，纵横自如。翌年 1 月 12 日，太平军一举攻克武昌，取得了武汉战役的胜利。为加强汉阳、武昌间联系，方便交通往来，太平军另在龟、蛇二山间较狭江面上架起一座大浮桥，与今日武汉长江大桥桥位一致，说明太平军中架桥人员很有才智。

太平军经常“夹江为营”“夹河为营”，所建浮桥大都坚固宽阔，利于战守。为减少迎水面，降低桥身水压，急流处往往以筏代舟。其筏以数层大木排纵横交叉构成，四面有围墙，墙上可开射击孔。筏上有瞭楼，有简易房屋，有大桨数十以便随时游动，人称此筏为龟船，用于架造浮桥（如图序 -13），堪称一大创举。

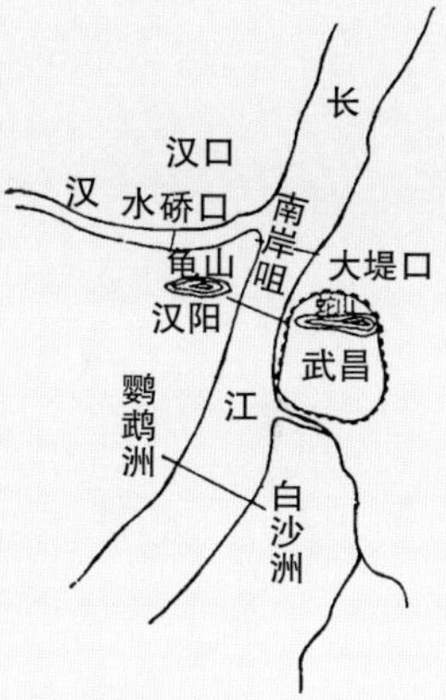

图序 -13　武汉四座浮桥位置示意图

浮桥极易遭火焚或因被凿沉舟船而毁，故需加强防护。战争中，交战双方往往为毁、护浮桥展开激烈争夺，各显神通，前述东汉名将岑彭火焚田戎等所造长江大浮桥即其中一例。唐朝安史之乱中，名将李光弼与叛军史思明部战于河阳，叛军放出纵火船要烧毁唐军所架浮桥，而唐军则先以大木、长竿、铁叉等组成拦截工事，终使敌船“不得进，须臾自焚尽”，保住了浮桥。南宋初，金兵南犯，筑浮桥于淮河上，欲借以渡河。宋将使善水者潜游至浮桥船底，凿沉船只，金军浮桥被毁，渡淮计划落空。至于以陆军攻、毁战桥之事，史书所载更多。所以历代无不重视浮桥防护维修之事，如宋朝皇帝严惩防护不力者，奖赏有功者；明朝马文升奏请加强兰州镇远黄河

图序 -14 怒江上的溜索

浮桥的防护，指出“敌若据此桥，则河西隔绝，饷援难矣”；清朝对东北辽河、浑河、太子河、苏子河、大凌河、小凌河等河流上的浮桥均派兵专司防护，还要求地方官将黄河、长江上的浮桥情况及时呈奏朝廷；等等。

（2）悬索桥

中国首创悬索桥，有极其古老的竹索桥（笮桥）、世界最早的铁索桥。尤其是西南地区，江河多在山谷间穿行，谷深流急，崖壁陡险，难筑浮桥、梁桥和拱桥，而那里又盛产竹木藤类，故多悬索桥，且有笮桥、絙桥等称。

彝族、藏族等少数民族居住区常见溜索（如图序 -14）。溜索构造简单，将竹筒或木筒穿在竹索或藤索上，索下系一根横木和两股皮绳即成。渡者多身骑木，腋挟筒，手攀索，脚蹬身屈而过。古称溜索为撞，有“悬撞度索”“度索寻撞之桥”等说。彝族人以“溜索渡”“溜筒桥”等名目指称桥。溜索大概是悬索桥的前身。

悬索桥容易摇晃，人行其上难免恐惧。唐代僧人智猛《笮桥赞》云：“冰崖皓然，百千余仞。飞絙为桥，乘虚而过。窥不见底，仰不见天。寒气惨酷，影战魂栗。”宋代诗人陆游《度笮》云：“翩翩翩翻笮受风，行人疾走缘虚空。回观目眩浪花上，小跌身裹蛟涎中。”他在成都府茂州一带活动过，有“度索临千仞，梯山蹑半空”的名句。在长期的实践中，人们逐渐通过将索桥与梁桥结合起来等形式，使索桥不致晃动并能跨越宽阔河谷。

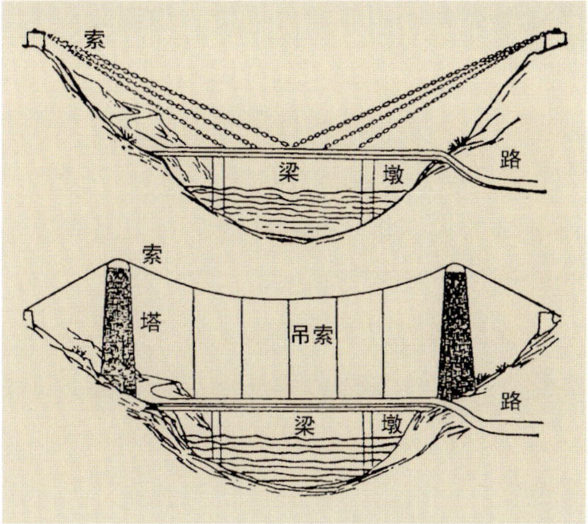

图序 –15　两种吊桥形式的示意图

明人《蜀中名胜纪》归纳其法有二：一法为立两木于水做桥墩，架梁于墩，用多根竹絙（索）将梁吊拉住，亘锚系于两岸崖壁；另一法是用若干竹篾绳（绠）垂直吊住梁，梁下有二墩，绠上端均系于一根竹絙（索），絙则通过以盛满块石的竹筐堆砌而成的塔柱，系于两岸的转机（可转动的筒）（如图序 –15）。这说明古人已有在索桥上做加劲梁以增刚度的概念。它们若除去桥柱，便如现代悬索桥的两种基本形式了。这是很了不起的发明创造。

据《古今图书集成 · 职方典》所载，制作和固定竹索之法是：以细竹为芯子，外裹篾丝成篾绳，再以篾绳三股绞成竹索；竹索用立柱系紧、转柱绞紧。如四川省盐源县打冲河索桥，两端各有巨石所砌洞门一座，洞门各立柱 108 根，篾缆 18 条分别紧系其上以分散拉力。此桥长 108 米，架在两山壁立、岩石交错、水势汹涌、舟楫不通的深谷上，其规模之大与施工之难世所罕有。

较早的悬索桥是竹索桥以及麻网桥、藤网筒桥等。《汉书 · 西域传》已有“以绳索相引而度”“悬绳而渡笮”之语，《太平寰宇记》说《汉书》以下至州郡图志中所谓“笮”即指“土夷人于天水之上置藤为桥”。今所知最早的笮桥当是公元前 3 世纪中叶秦国蜀

郡守李冰在四川所建夷里桥，为依北斗七星形状建成的七桥中之一座。西汉文人王褒《益州记》说，司马相如宅院南百步有笮桥，建造时以三大铁椎系桥柱紧竹索（今存铁椎两个）。东晋桓温于永和三年（347 年）攻成都时曾与成汉李势激战于笮桥。今已在锦江掘得笮桥的大铁椎。古代竹索桥的杰出代表是四川灌县（今都江堰市）的珠浦桥（又名安澜桥），建于宋代以前，今已改建（详见后文）。明《徐霞客游记》记西南地区龙川县东江一座藤桥是“以藤三四枝高络于两崖，从树杪中悬而反下，编竹于藤上，略可置足，两旁亦横竹为栏以夹之”。藤网吊桥在西南地区乃至东南台湾等地也都可见到。

由藤（麻）网桥、竹索桥发展而来的铁索桥，大概在西汉初就已出现。陕西省留坝县寒溪原有樊河桥，系公元前 206 年汉将樊哙所建，相传当年萧何追韩信至此溪边，因溪水大涨，信不得过而被追回，萧何遂建议刘邦“筑坛拜将”，今拜将坛遗址尚在汉中城南门外。古人有“若非寒溪一夜涨，焉得汉室四百年”之句咏其事。因韩信之故，此溪名曰“韩溪”，后讹为“寒溪”。又因樊哙造桥之故，寒溪又称樊河。樊河桥是世界最早的铁链桥，而西方国家在 16 世纪才开始有铁链吊桥，比中国晚十几个世纪。相传 1 世纪中叶汉明帝时，曾在今云南景东的澜沧江上“以铁锁系南北为桥”，名为兰津桥。后世又曾在今云南丽江塔城附近金沙江上建造了铁索桥，以通川藏，唐代曾于该地区设置铁桥节度。后在贞元十年（794 年）南诏王异牟寻与唐将韦皋合兵大破吐蕃时被毁。至明代仍能见到“穴石锢铁”的遗址及铁环。

明清时期铁索桥空前发展。明初，藏族铁索桥专家汤东杰布有“铁桥活佛”的美称，曾于 1420 年前后建成雅鲁藏布江铁索桥，跨度 138 米，两端有塔，宽度仅容走人。此桥当是中国古代跨度最大的铁吊桥。四川省平武县永济桥初建于明朝洪武年间，“以篾缆架桥”，永乐初乃“造铁索六条，长十五丈，架板为桥”。至于著名的泸定桥、霁虹桥，后文将有详说。还有丽江铁链桥、盘江铁桥、墨江桥、惠人桥等也都是西南地区的重要铁索桥。锻冶铁链费工大，接口又多，索链久则变形，桥梁跨中垂度随之增大，故索链常需调整。为克服上述缺点，人们以两端有眼扣的长铁条代替索链，建成铁眼杆桥，如清朝光绪年间所建云南元江桥、四川省天全县伏龙桥等。这是铁索桥建造技术的一大进步。

古代中国各地较重要的城池都有护城河，护城河上多有吊桥。这种吊桥是一种可以随意起落的悬索桥，当时人都很熟悉，今人一般只好从古典小说、书画中领略了。

（3）梁桥

前已说过，梁桥作为构造简单的基本桥型，在中国远古时代已经出现。今陕西省黄陵县北有桥山，上有黄帝陵。相传黄帝死后葬于桥山，其臣子守墓不愿离去者，后以桥为氏。或说桥氏出自黄帝后裔姬氏之后，姬姓中又有改桥氏为乔者，遂有乔姓。以“桥”作山名、姓名之事，透露了桥在远古已非罕见物的信息。湖北省武汉市黄陂区盘龙城商代城市遗址有宽约 10 米的壕沟，位于城垣外；河南安阳市殷墟（商朝后期都城遗址）宫殿区与陵墓区之间有洹河，宫殿区所在地小屯村之西 200 米处发现一条宽 7~21 米、深 5~10 米的大壕沟，可能与洹水相接，是防御工事；山东曲阜周代鲁国故都城垣四周也都有护城壕，西、北面利用洙水河道而成，其他地段则为人工挖掘，与河道相接。诸如此类的护城壕、河之上当时必有桥梁以通人马车辆。这些桥大概多是易朽难存的木梁桥。《史记·殷本纪》说商纣王“厚赋税以实鹿台之钱，而盈巨桥之粟”。东汉许慎注巨桥即“巨鹿水之大桥也”，那里有漕粟仓库，以巨桥为名。《水经注》说“衡漳又北迳钜桥邸阁西，旧有大梁横水，故有钜桥之称”。可见商代已有著名的大桥。周代齐国都城临淄（今山东省淄博市东北）的护城河通过东门、北门，绕一小弯，宽度明显变窄，以便架桥。在正对城门的护城壕两岸地下，发现了筑桥台的石块和夯土。两处桥梁跨度均约 8 米。《战国策》和《史记》记述晋国刺客豫让欲刺杀赵襄子，乃伏于襄子要过的一座桥下。唐《元和郡县图志》

说：“汾桥架汾水，即豫让欲刺赵襄子，伏于桥下。长七十五步，广六丈四尺。”据考证，汾桥旧址在今太原市境内。《庄子》等古书记述尾生与一女子约会于桥下，女子未履约，尾生守信，水涨不去，遂抱梁柱而死。相传此桥在陕西省蓝田县蓝峪水上，名为蓝桥。学者认为此桥必为有桩柱式桥墩的多跨桥，可与古罗马横跨台伯河的桩式桥相媲美。

《管子》说：“导水源，通郁闭，脊津梁。”春秋时代特别著名的大桥是溴梁，在今河南省济源市溴水上。《尔雅》说“梁莫大于溴梁”。到战国时代，各国纷纷建造单跨和多跨梁桥，诸如：魏国西门豹凿渠十二“引漳水溉邺”，渠与驰道相交，乃造跨渠桥12座，沿用至汉代；秦昭王造渭水桥，相传长380步（一步合1.66米），连接渭北咸阳宫与渭南兴乐宫；李冰在今成都西、南面的郫、检二江上造冲治桥、市桥、江桥、夷里桥（又名笮桥）、万里桥、长升桥、永平桥，号称七星桥。战国铜器图案中也有类似简支梁桥结构的宴会台。

秦汉时期国家统一，国力增强，交通事业有较大发展，梁桥遍布海内，最有代表性的是渭水三桥、灞桥（详见后文）。而自周朝以来就已出现的栈道，作为早期木梁桥的一种特殊形式，也有所发展。栈道又名阁道、栈阁、复道，是古代峭岩陡壁上凿孔架桥连阁而成的一种道路，为边远地区交通要道。李白《蜀道难》云：“噫吁嚱，危乎高哉！蜀道之难，难于上青天。……西当太白有鸟道，可以横绝峨眉巅。地崩山摧壮士死，然后天梯石栈相钩连。”诗歌吟诵了修凿栈道的艰苦卓绝的史实，描绘了栈道高峻险拔的雄姿。公元前11世纪周武王伐纣时有巴蜀之师奔赴参加，巴蜀之师北越秦岭，可能要修栈道。公元前387年，秦伐蜀，取南郑；公元前316年，秦将司马错率兵灭蜀。史载“剑阁两崖峻拔，凿石架阁而为栈道，秦司马错由此伐蜀”。《史记·货殖列传》云：“栈道千里，无所不通，唯褒斜绾毂其口。”所言为褒斜道，是古代贯通汉中与关中的数百里的要道（详见后文），战国始筑，西汉以后屡加扩建和维修，明清尤甚。东汉桓帝时还曾开凿三门峡栈道，沿黄河悬崖，长约 600 米，宽 1~2 米。

古代高楼间架空的通道也称栈道，是上有屋顶的高阁式天桥。秦汉帝都和离宫区常有此物，《淮南子·本经训》云："延楼栈道。"高诱注曰："延楼，高楼也；栈道，飞阁复道相通。"《史记·秦始皇本纪》载："秦每破诸侯，写放其宫室（模仿该国宫室），作之咸阳北阪上，南临渭，自雍门以东至泾、渭，殿屋、复道、周阁相属。"秦阿房宫周围一百余千米，《三辅黄图》说当时"作阁道至骊山八十里（约合 40 千米），人行桥上，车行桥下"。秦汉洛阳南北两宫相隔数里，中有洛水，乃以三条复道相通。

魏晋南北朝以至隋唐，造桥技术日益进步，到商业贸易非常兴旺的宋代便出现了大造石梁桥的热潮，而且主要集中在福建地区，有"闽中桥梁甲天下"之说。其中有首创"筏形基础"和浮运架梁科学方法的万安桥（洛阳桥），有被誉为"天下无桥长此桥"的安平桥，有石梁板最重者超过 200 吨的江东桥（虎渡桥）等，后文均将详说。还有几座跨海大桥因泉州港的兴替和海岸地形的沧桑变化而未能存留至今，如 400 余丈（合 1 300 余米）长、160 跨的盘光桥，500 余丈（合 1 600 余米）长的无尾桥，547 丈（约合 1 800 米）长、242 跨的东洋桥，长度都超过万安桥；千余丈（合 3 000 余米）长的玉澜桥，比安平桥长 200 丈（约合 660 米）左右；惠安县大海中的獭窟屿桥，有 770 跨，跨数超过安平桥一倍以上。南宋一个半世纪中，泉州地区所造大中型石梁桥有数十座，总长度 20 余千米（据不完全统计）。除江河、海边外，甚至在海湾岛屿和陆地之间也大造其桥。绍兴年间是造桥热潮的高峰期。此后建成的广济桥（在今广东省），以梁舟结合、桥型复杂、桥墩大而桥面长闻名于世，是中国第一座开关活动式大石桥。

元明清时期，一方面维修、改建了一些古代梁桥，另一方面也新修了很多木、石梁桥，广布于全国各地，绍兴等地尤多独具风格者。

图序 –16　北京颐和园谐趣园知鱼桥

北京颐和园谐趣园的知鱼桥为七孔平桥形式，桥身贴近水面，可近距离观赏游鱼（如图序 –16）。

（4）悬臂木梁桥

悬臂木梁桥又称伸臂木梁桥，是一种特殊结构的梁桥。单跨简支梁桥因受木、石材料抗弯强度的限制，通常仅可达到七八米跨度，河谷较宽时则须筑桥墩而成多跨式。在谷深水急、难筑桥墩或因跨径小妨碍船、筏通过，而多筑桥墩又不利于排泄洪水的情况下，为增大跨径、不建或少建桥墩，古人便创造出悬臂式木梁桥。其法是以木纵横相间迭起，层层向河中心挑出，每层纵木（几乎全用圆木）前端都稍向上昂，以免桥受荷载变形后向河心凹曲，而能保持平直；两边靠近到五六米距离时，再以简支木梁搭接成桥（如图序 –17）。

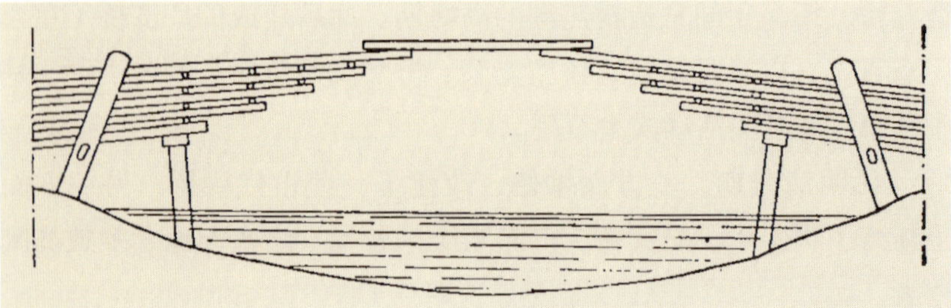

图序 –17　悬臂木梁桥示意图

这种“层层递出”之法与古代房屋建筑中的层层斗拱造法很相似。

曲阜孔庙保存有东汉墓石梯桥浮雕，这种梯桥是伸臂木结构，可能是悬臂木梁桥的前身。至迟在公元 3、4 世纪，中国已出现了悬臂木梁桥，比日本、巴基斯坦等也有此型古桥的国家都要早得多。宋代《沙州记》载：“吐谷浑于河上作桥，谓之河厉。长百五十步。两岸垒石作基陛，节节相次。大木从横更相镇压，两边俱平，相去三丈，并大材以板横次之，施勾栏甚严饰。”吐谷浑族 4 世纪初以后活动在今甘肃、青海间。他们当时能造出那么长、那么考究的悬臂木梁桥，原先必有一定的基础和经验。5 世纪初，在枹罕（今甘肃省临夏回族自治州）附近宽 40 丈（约合 132 米）的河面上造了一座高达 50 丈（约合 160 米）的悬臂木梁桥，三年始竣，规模惊人。悬臂木梁桥无墩柱，多架于险谷陡崖间，过桥有如飞渡，故又被称为飞桥，南北朝时盛行于西北地区，其后西南及湘、桂、闽、浙等木材丰富的地区也多有飞桥。

相传创建于唐代的兰州握桥（如图序 -18），堪称悬臂木梁桥代表。握桥屡经修建，最后一次修建是在 1904 年。其净跨度为 22.5 米，全长 27 米，高 4. 85 米，宽 4.6 米，桥面有桥屋，桥台上有楼阁，浑然一体，协调宏丽。握桥已于 20 世纪 50 年代初被拆除，其模型存于兰州博物馆。

图序 -18　兰州握桥（吕斯百画作）

其他如始建于宋代的浙江熟溪桥、鄞江桥，建于清代的拉萨王廷坡桥，以及建于民国初年的广西程阳风雨桥也都很有名。甘肃文县阴平桥、青海西宁扎麻隆桥、宁夏惠宁桥、拉萨积木桥、

西藏波密地区波斗藏布江桥、新疆伊犁喀什桥、四川木里藏族自治县桥、云南墨江桥、湖南醴陵渌江桥和浙江永康西津桥、宁波鄞州区百梁桥、义乌东江桥等大都保存较好。

悬臂木梁桥建造费工、费木料，而其刚度则很差，容易变形。挑梁一般不能超过 5 层。为克服这些缺点，乃有木撑架桥的创造。始建于南宋的渌江桥有 5 层挑梁，第 4 层加有斜木撑，是悬臂与撑架结合的桥型。重建于清代的浙江泰顺县仙居桥则是撑架与拱式结合的桥型，净跨达 35 米。泰顺县有数十座这种被称为“蜈蚣桥”的木桥，最大的三滩桥净跨 42 米，最古的叶树阳桥始建于 1454 年（1965 年拆改为石拱桥）。明代已开始将云南地区许多“构木为梁”“骈木为梁”的木桥改为石桥，但悬臂木梁桥仍有不少被保存下来。它们是我国现代各型悬臂梁桥的前身。

（5）拱桥

拱桥是以拱为桥身主要承重结构的桥，拱形弯曲，而且不少小型拱桥连桥面也是“拱背曲腰”状，所以古人常称拱桥为曲桥，与被称为平桥的梁桥对称。中国拱桥至迟在东汉时已经出现，河南新野县出土的东汉画像砖已刻有拱桥图形。此画像砖中一座单孔裸拱桥上有正在通行的驷马，车前有骑者，桥下有船若干，可见当时的拱桥已有相当的规模。

中国拱桥之拱，形式极多，有半圆形、圆弧形、椭圆形、抛物线形、蛋形、莲瓣形、马蹄形、多边形、尖拱形等。建拱材料有石、砖、砖石混用、木、竹之类。拱数有单孔和多孔之别，多孔多为奇数，如江浙水乡的多孔拱桥多是三、五、七、九拱，通常是中孔最大，而其两侧诸拱之孔径则依次按比例递减，桥墩狭薄轻巧，格局划一；多孔拱桥有多达数十甚至过百孔者，如大约建于明清时期的徐州景国桥即有 100 多孔。多跨拱桥又有连续拱与固端拱之分，前者仅见于江南水乡，后者在华北、华中、华东、西南等地区均有，桥墩厚大。拱肩有不敞开的（今称实腹拱），也有敞开的（如大拱上加小拱，今称空腹拱）。桥面有的平直贯通，有的中间陡起如驼峰，有的两边缓缓落坡。远望近观，整个拱桥无不匀称和谐，造型优美，最易引动诗兴画欲，园林和名胜之地也往往多造此种小桥添景增色。

中国古代石拱桥之多，数以万计，现存古石拱桥也很多，最著名者有建于隋代的河北赵州桥，建于唐代的苏州宝带桥、山东卞桥，建于宋代的庐山三峡桥，建于金代的北京卢沟桥，建于明代的桂林花桥，建于清代的云南双龙桥，等等。庐山虎溪桥晋代已有，是古石拱桥中存世时间特别久的。而颐和园玉带桥、十七孔桥、荇桥和扬州五亭桥等清代石拱桥都是园林山水桥中的佼佼者。

当然，还有许多古代拱桥没有留存至今，如西晋太康三年（282年）在都城洛阳郊外所造的旅人桥等。

宋代曾发明一种构造独特的木拱桥，因其能在短时间内飞速造成而有飞桥、飞梁之名，又以其长虹临空之外形而被称为虹桥、虹梁。虹桥首创于山东青州地区。青州洋水上所架有柱的桥常被夏洪冲毁，宋仁宗明道年间一位当过狱卒的智者发明了以构件纵横相贯、交错搭置的结构方法，用短木材构筑的大跨径、无桥柱的飞桥，数十年不坏。庆历年间陈希亮镇守京都东京沟通江淮地区的重镇宿州（今安徽省宿州市），境内汴水漕运繁忙，往来群船争渡，常常碰撞桥柱，或将桥柱撞坏，造成舟毁人亡事故。陈希亮乃命效法青州飞桥，获得成功，仁宗下诏褒奖，并令“自畿邑至于泗州皆为飞桥”。《东京梦华录》记述：“自东水门外七里至西水门外，河上有桥十三。从东水门外七里曰虹桥，其桥无柱，皆以巨木虚架，饰以丹艭，宛如长虹，其上下土桥亦如之。”北宋画家张择端《清明上河图》中有汴京东郊一座跨越汴水的虹桥，是单跨等边折线形木拱桥，跨径近 25 米，宽 8 米，桥孔可满足船航需要。该桥设计严谨，构造精巧，造型优美新颖，显示出高超的技术和艺术水平。桥上行人熙攘，驴马车轿、贩夫走卒、向桥下船只抛绳的船工、凭栏观景的游人等，密密麻麻，从聚一桥，还有穿城而出的骆驼队，足见虹桥承载能力非同一般。（如图序 –19）

1127年北宋亡于金，汴河虹桥也毁于兵火，“繁华梦断两桥空，惟有悠悠汴水东”。后来南宋立都临安（今杭州市），金与后来的元朝均立都于北方，汴河漕运随之剧衰，河道亦渐淤塞变迁，盛行一时的汴河虹梁消失了，其建造技术也“失传”了。但据学者调查研究，浙江泰顺县仙居桥、景宁畲族自治州的梅崇桥，以及福建屏南县棠口千乘桥仍是虹桥的变种，大概虹桥建筑技术已随宋室南迁传入南方。福建武夷山九曲溪一带崖洞中也留存有千年虹桥板和架壑船棺，可资印证。

中国石拱桥比西方出现得晚，但在隋唐以后所取得的成就却是非常辉煌的，有很多方面远远超过了西方。首先是桥基坚固，西方远不能及，如波斯古代石拱桥是依岩石露头定墩位，所筑桥基较浅，桥也常作“之”字形，不成直线；英国旧伦敦桥基在木格构上，下用榆木桩支撑，后来逐渐下沉，影响周围建筑物。其次，中国拱桥形式之多、造型之美，也是世所罕有的。马可·波罗说卢沟桥是“世界上最好的、独一无二的

图序-19 〔北宋〕张择端《清明上河图》（局部）

桥”，这绝非溢美之词，以卢沟桥为代表的中国古代拱桥大都称得上是世界桥林中的珍品。

中国古代能工巧匠建造的无数大小桥梁，不仅便利了国内交通，装饰了神州山河，而且也通过各种渠道给周围国家乃至欧美诸国以很大影响，这是中华民族对世界文明发展做出的重要贡献之一。

朝鲜半岛与中国大陆仅有鸭绿江、图们江之隔。桥梁建造技术也从中国不断传入朝鲜。15 世纪李氏王朝使者崔溥入明朝访问，注意到各地桥梁特别是苏杭一带桥梁，赞誉颇多。他北上东归时曾沿大运河行进，广览群桥，大开眼界，著有《漂海录》。

中国与日本是一衣带水的邻邦，文化交流源远流长。在桥梁方面，有很多史实记载了中国对日本的直接影响。9 世纪时日僧慈觉大师圆仁在唐朝长期访学，著有《入唐求法巡礼行记》等。他从山东赴长安途中看到许多桥梁，赞叹不已，特记录于著作中，这对日本桥梁建设无疑有重要的促进

作用。明清时代中国与日本贸易空前发展，中国商船“往来日本，络绎不绝”，博多甚至出现了“大唐街”。日本锁国后仍以长崎为对华贸易港口，那里有众多被称为“住宅唐人”的定居华人及其子孙后代。华人不仅传播建桥技艺，而且直接投资建桥，如“长崎石桥群”21座桥中半数为华人投资所建，其中最有名的眼镜桥是中国僧人如定在1634年设计建造的。

如定是江西僧人，明末赴日在长崎等地传授建造石拱桥的技艺，1634年设计了一座造型奇特的石拱桥，建于长崎中岛川上，乃两孔半圆拱，倒映水中，虚实相连，酷似眼镜，故被称为眼镜桥。此桥建造成功后，中国式拱桥在九州地区广为流行。日本史书将眼镜桥誉为“日本最古最有名的石拱桥之一”。20世纪50年代，一次洪灾冲毁了眼镜桥附近所有钢筋混凝土现代桥梁，而三个多世纪前就已问世的眼镜桥却安然无恙。桥务官员感到非常惊奇，认为“不可思议”。从此，日本眼镜桥被列为国定重点文物，人人珍惜。

1645年，中国人林守壂在日本建造了鸣潼桥。清初入日的高僧隐元及其弟子在日本广泛传播建筑、雕刻、绘画等技艺，隐元与元代的一山（一宁）、宋代的兰溪道隆和唐代的鉴真并称为“中国古代四大东渡僧人”。其高足独立性易，俗姓戴，名笠，字曼公，杭州人，1653年入长崎，在日本居住20年后死去。他是一位多才多艺的高僧，对明清之际中日文化交流事业的贡献几乎可与隐元、陈元赟、朱舜水相比。在桥梁建筑方面，独立性易的突出贡献是仿照杭州西湖苏堤拱桥，在锦川上造了一座木拱的锦带桥。日本人民视此桥为日中友好的文化交流的历史见证，1973年特在锦川河畔建造了一座纪念碑。

通过丝绸之路和海上航道，中国的桥梁技艺也对西方产生了一定影响。13世纪在元朝任官17年并到处游历的意大利人马可·波罗，在其著名的游记中4次述及中国的桥梁，对北京卢沟桥和杭州桥梁记述尤详，并多加赞赏，书中还附有插图，引起了西方人对中国桥梁的注意。1550年西班牙人加斯帕尔·杜·克鲁斯来华，对中国一些桥梁远离城市而质量较好的现象颇感惊异。1575 年西班牙使者米盖勒·德·洛瓦卡来华，经厦门到福州，在旅行日记中描述了泉州的著名桥梁。1577 年葡萄牙人加莱奥特·佩雷拉自中国返回后，盛赞福建大石桥数量之多、石料之巨与雕琢之精美，还考察过江西赣州浮桥，称赞“全世界建筑工人，中国应推第一”。

1643 年意大利传教士马蒂纳斯·马蒂尼（汉名卫匡国）遍游中国，测绘各省重要都邑，在欧洲出书。1650 年归国途中绕道德、法、英、比四国，1654 年始抵罗马，1657 年又来华。当时布莱埃所著的《中国图说》中注明普安河上有铁链桥，据说资料系卫匡国提供。1659 年法国人多明戈·德·纳瓦雷特行经泉州，过洛阳桥，对造洛阳桥立有大功的北宋名臣蔡襄极为推许。1773 年英国威尔赞·尚布雷斯爵士对中国桥梁有所论述。1793 年英国巴罗旅行团经苏州以南地区，跨太湖一港汊，对一座长桥（可能是宝带桥）欣赏备至。1796 年德国人冯·布雷姆·休吉杰斯特在著作中记载了他所见到的 115 座中国拱桥中的优秀代表。1800 年，曾久居西藏德沙喇嘛处的英国戴维斯中尉于伦敦出书介绍拉萨悬臂木梁桥，受到桥梁界人士的重视，不久又被译成德文。

西方人士写成的访华旅行笔记以及其他形式作品中提供的有关中国桥梁的各种资料，向西方和世界其他地区广泛介绍和宣传了中国卓越的建桥技艺，扩大了中国桥梁对世界的影响，甚至影响到近代西方一些新桥梁的建造。例如，1881—1887 年英国在福兹海湾架设的悬臂钢桁梁，造型上就是受了上述戴维斯所述拉萨悬臂木梁桥的影响，英国《福兹桥及其建造人》一书曾提及此事。美国纽约东河上狱门桥，主拱上弦两侧用反曲线，造型仿自北京颐和园玉带桥。李约瑟教授认为欧洲 14 世纪开始采用的较半圆形拱更为先进的弓形石拱桥，建造技术来自中国。

有的西方国家还曾邀请中国人到他们那里传授建桥知识和技艺。如在 1675 年 5 月，沙皇彼得一世派使团来华，使者请求中国派桥梁专家到俄罗斯讲授建桥技术。

当然，西方古代造桥技术对中国也有影响。西域古国安息（帕提亚）原为波斯帝国省份之一，后属亚历山大帝国及塞琉西王国，公元前 3 世纪中叶独立。张骞通西域时曾派副使出使安息，当时安息已领有伊朗高原和两河流域，此后直到 2 世纪它一直是中国与罗马帝国贸易、交通的必经之地。97 年汉西域都护班超遣甘英出使罗马，行至安息西境海滨受阻未果。100 年安息使臣来华，2 世纪时王子安世高来洛阳译经传法 20 余年。安息拱桥建筑继承了两河流域的古老拱桥传统，也受到了希腊、罗马的影响。由于安息与中国联系密切，西方的拱桥技术也就从安息那里经丝绸之路向中国传播。

西方近代先进的造桥技术，也像其他方面的科学技术那样，主要是在 1840 年鸦片战争后传入中国的，上海等沿海城市是较早出现“洋桥”之地。咸丰六年（1856 年）英商威尔斯纠集英、美洋行大班立“苏州河桥梁建筑公司”，在上海外摆渡附近建造了一座长约 140 米的大木桥。同治元年（1862 年）英国人在宁波甬

图序 -20　上海外白渡桥

江北岸关帝殿附近建造了一座木浮桥，用船 18 只，次年移建于桃花渡，名曰日新江桥。清末民初，外国人在中国一些大城市造了不少钢桁架桥和钢筋混凝土桥，如上海外白渡桥（如图序 –20）、浙江路桥和新闸路桥，兰州黄河铁桥，天津新金钢桥，广州海珠桥，宁波灵桥等。同时还建造了一些跨越大河的铁路桥，如哈尔滨第一松花江大桥、郑州黄河大桥、济南黄河大桥、黑龙江嫩江桥、松花江公路铁路两用桥以及云南河口峡桥、广州深圳桥等。较大的新型桥梁都是借洋钱、用洋料洋机具，并且由债权国所派洋工程师主持建成的，称之为“洋桥”可谓名副其实。直到 1920 年中国工程人员参加修筑烟台至潍水公路和 1922 年聘用外国工程人员修建湘潭至宝庆公路时，才仿照铁路桥的规范修建公路桥，但中国新式桥梁的建筑史也由此掀开了新篇章，古桥史基本结束了。

四 中国现存古桥的分布

中国幅员辽阔，各地自然地理和人文地理情况千差万别，古往今来桥梁建设事业的发展水平高低不一，取得的成就当然也有所不同。分析起来，有关的因素大体有如下数条：

第一，各地区江河湖泊之多寡及距海远近不同，直接影响着桥梁建设事业的发展。桥梁主要用为跨水设施，水多之地则桥多，水少之地则桥少。东南地区号称“水乡泽国”，又临近海洋，海湾众多，虽有舟楫航渡，更需桥梁便利交通，故东南地区桥梁较多。反之，西北地区桥梁较少。

第二，各地区交通道路状况也直接影响着桥梁建设事业的发展。桥梁也是一种道路，其两端无不连接一般的道路（包括近代以来的铁路）。也就是说，桥梁作为“跨水路”“越谷路”，只是某条交通道路的一部分。所以交通发达、道路纵横、路网细密之地必多桥梁。这样的地方当然都是经济发达地区。而在中国历史上，经济发达地区并不固定。一般来说，国都所在地区往往就是经济发达地区，如秦汉和隋唐时期的关中、河南地区等；其次，内外贸易条件良好、商业繁荣的地区整个经济必然发达，如宋元时期的泉州地区等。这些地区的桥梁建设比他处自然要好。纵观中国古代历史，基本上可以说五代以后，特别是南宋以后，南方经济的发展水平已超过北方，那里的桥梁建设事业也远比北方兴旺发达。

第三，各地区文化科学发展状况与桥梁建设情况密切相关。桥梁是科学技术的结晶，是文化艺术的光环，在文化繁荣、科技先进地区，自然能造出更好更多的桥梁，这是不言自明的。

其他如民族习性、地方风俗以及材料资源、地形地貌等差异也对各地区桥梁建设产生种种影响。

上述诸因素决定了中国各地区古桥的分布原先就不均衡。现存古桥的分布情况，首先与其原有疏密状况有关。其次，某一地区历史上发生的洪水、大火、地震等天灾和战争、动乱等人祸对当地古桥势必造成自然的或人为的破坏，还有维修保护不力带来的恶果等，都会造成该地区古桥留存较少甚至荡然无存；反之，某一地区天灾人祸少且维修保护得力，则原有古桥必能较多留存。再其次，建造材料和工程质量的差异也关系到桥梁存世的时间。凡此种种，便使我国现存古桥的分布呈现出明显的区域性差异。

现存古桥的分布情况，简单来说就是：北少南多；西少东多；西北特别少，东南特别多。比方说，内蒙古、宁夏、甘肃、青海、新疆五省区（合计面积占全国总面积40%以上）现存古桥的总数，还没有福建一省（面积不足全国总面积的1.3%）多。但北方有的省份（如河北省）现存古桥并不少，而且还保存有特别著名的古桥。

根据现存古桥分布上的地域性差异，同时考虑到古桥种类、风格等方面的地域性差异，也为了方便读者旅游考察，本书将分章介绍北京地区、北方地区、苏州地区、泉州地区、西南地区及南方其他地区现存著名古桥的情况；又考虑到山水园林桥有其特殊性，自成一派，而且观赏价值、研究价值乃至实用价值都值得重视，故另立一章，专述全国现存此类古桥，也大体按照北京、北方、东南和西南的顺序来介绍。园林桥大都短小精巧，不宜多费笔墨细说，本书在此专章中将作“集锦式”处理，个别情况除外。

第一章
首都内外古桥横
——北京地区古桥

首都北京是祖国的心脏，是世人向往的东方名城。全市有16个市辖区，面积1.641万平方千米。

北京是华夏文明的一大摇篮。它处在华北平原与内蒙古高原的结合带，西有太行山脉的西山，北有燕山山脉的军都山，东南部有永定、潮白等河冲积成的广阔平原，下接天津，东望渤海。山岭屏围，河海滋润，土肥水美，物产丰饶，宜于人类繁衍生息，所以早在数十万年以前这里就已经出现了北京人（即北京猿人）的群体，其遗址、遗骨和遗物在房山区周口店龙骨山深藏近70万年而重见天日；山顶洞人的遗址、遗骨和遗物，也在这里发现。万余年前至商代，燕山南北及长城地带已成为中国北方远古文化区系的重心，北京门头沟区东胡林原始社会墓葬、昌平区类似仰韶文化的雪山一期文化、平谷区早于半坡遗址的上宅遗址等，都清楚地表明北京地区当时已有先民聚落广泛分布。商末这里有蓟国，周初封黄帝后裔于蓟，封召公于燕。以后历代，北京都是中国北方重镇，辽称燕京，金代正式迁都于此，经元、明、清三朝至今，除民国时期，其余时间北京一直都是首都，作为重要都城，已有八百余载。

北京之所以能够成为华夏文明的一大摇篮直到成为全中国的心脏，极其重要的原因是这块土地长期承蒙同属海河水系的永定河、潮白河、北运河（通州区北关上游河段称温榆河）、拒马河、洵河五大河系锦绣水网的惠泽。地灵人亦杰，河多桥自多。自古以来，北京人就在大小河道之上广修桥梁，特别是在北京成为国都以后，更需要加强与全国各地的联系，水陆交通更需要畅达无阻。金、元、明、清四代在北京坐朝的四十余位皇帝大都非常重视京师地区筑路修桥之事，不惜花费巨资以成其功，而且代代相承。遂使皇都内外大小桥梁远近相望，仿佛玉龙横卧绿水，彩虹直凌碧空。直到今天，首都人民仍然保持和发扬着古来北京人兴造桥梁的好传统，不仅修造了许许多多跨水河桥，而且还修造了林林总总的立交桥、过街天桥，既方便交通，又美化市容。

在历史上，北京地区一直被称为“幽燕”或“蓟北”，乃兵家必争之地、侯伯问鼎之所，战乱兵火之害史不绝书，无数古桥像其他珍贵文物一样在劫难逃，化为乌有。得以幸存至今的古桥不过数十座，除园林山水古桥外，著名的桥梁还有外金水桥、高梁桥、广济桥、卢沟桥以及通州区的永通桥、昌平区的朝宗桥、房山区的琉璃河大桥等，其中最为著名的是卢沟桥。

一 北京卢沟桥

卢沟桥是首都北京现存最为古老的一座联拱石桥（如图 1-1）。它位于北京城西南约 15 千米处，跨永定河，地属丰台区。

1937 年 7 月 7 日夜，驻屯丰台的日本侵略军在挑衅性军事演习结束后，诡称一名士兵失踪，要求进入宛平县城（今并属丰台区）搜查，并要求中国驻军撤出宛平等地。遭到拒绝后，日军即公然枪击宛平城，炮轰卢沟桥。中国驻军第二十九军官兵奉命奋起反击，与日军展开了激烈的争夺战，仅 7 月 8 日一天，卢沟桥便曾三失三得。这就是人所共知的卢沟桥事变，亦称“七七事变”，有人也连称为“七七卢沟桥事变”，自此，抗日战争全面爆发。80 余年来，在中国所有的古今桥梁中，卢沟桥大概是人们口头和书面上提及次数最多的一座桥。这可以说是“理以事明，物因事显”的实例吧。

图 1-1　北京卢沟桥

但是，卢沟桥的盛名，却不是从七七事变才开始的。早在 700 多年前，意大利著名旅行家马可·波罗及其他外国来客就已经将它宣传到外域去了，卢沟桥至迟在那个时候就已经闻名世界了。

“小尧舜”决策造大桥

流贯北京的五大水系中，以永定河水系为最大。永定河古称卢沟河，又称桑干河（今专指官厅水库以西的上游河段），源出晋

西北，斜贯北京西南部，经卢师山，东南至天津汇入海河再奔泻渤海。其上游流经黄土高原，含沙量仅次于黄河，河水浑浊，色近于黑，夏季经常泛滥，河道曾屡改不定，故又有“小黄河”“浑河”“无定河”之称。所谓“卢沟”之“卢”，其意即“黑色”，卢沟即黑水沟。到清朝康熙三十七年（1698年）疏浚其河道，又增筑长堤，并改无定河之名为“永定河”。古时卢沟河（桑干河）两岸良田连片，桑麻遍野，中晚唐以后因长期遭受战争破坏而面目全非，许多诗文中都对此有所反映。唐朝著名诗人高适《蓟门行》诗云：“黯黯长城外，日没更烟尘。……古树满空塞，黄云愁煞人。”刘长卿诗云：“城池百战后，耆旧几家残。处处蓬蒿遍，归人掩泪看。”而卢沟河水大流急，“惊流撼地地欲动，蛟螭不敢凌飞湍”（冯宗伯《桑干歌》，载于明蒋一葵《长安客话》），在河北保安（今涿鹿县）附近的响水堡峡口更形成了“声喧十里”的磅礴气势，一些河段难以通航。

经过数代人的不懈努力，终于在北京西南的河段上找到了一个条件相当好的渡口，即后来卢沟桥所在的卢沟渡口。卢沟河在这里已经穿过官厅山峡以及其他崇山峡谷，水流渐趋平缓，便于济渡。当时人们随水枯涨而设小型木桥、浮桥或用木船，聊备渡河之需。宋人许亢宗在其《宣和乙巳奉使金国行程录》中记述他于北宋徽宗宣和七年（1125年）行经卢沟渡口时的见闻说：“过卢沟河，水极湍激，燕人每候水浅深，置小桥以渡，岁以为常。近年，都水监辄于此两岸造浮梁。”当时卢沟渡口交通非常拥挤，专供旅客食宿的客舍商肆早已在河两岸出现了。

金废帝贞元元年（1153年）迁都燕京，改称中都（治所在今北京西南一带）。此后，卢沟渡口作为华北平原联系内蒙古高原和东北各地的重要通道，交通运输更加繁忙。而随水枯涨设桥用船的局面仍未改变，卢沟渡口越来越难以承担繁重的交通运输任务。著名诗人和地理学家范成大在南宋孝宗乾道六年（1170年）出使金国时赋《卢沟》诗云：“草草舆梁枕水低，匆匆小驻濯涟漪。河边服匿多生口，长记韶车放雁时。”当时金世宗完颜雍在位（1161—1189年），金王朝立国已逾半个世纪，灭北宋后，与南宋对峙逾40年，同南宋达成了和议，“南北讲好，与民休息”，国力臻于鼎盛，“治平日久，宇内小康”。史称金世宗“孳孳为治，夜以继日，可谓得为君之道矣。当此之时，群臣守职，上下相安，家给人足，仓廪有余，刑部岁断死罪或十七人，或二十人，号称小尧舜，此其效验也”。金世宗对国都地区的交通运输问题当然特别留意，曾采取各种措施大力兴革，而卢沟河更是治理的重点。大定十一至十二年（1171—1172年），金世宗为使“诸路之物可径达京师”，乃开卢沟河，“自金口疏导至京城北入壕，而东至通州之北，入潞水（今白河），……及渠成，以地势高峻，水性浑浊”，不堪舟楫。其意本欲通漕运，而未能达到预期目的，金世宗惋惜道：“分卢沟为漕渠，竟未见功。若果能行，南路诸货皆至京师，而价贱矣。”（《金史·河渠志》“卢沟河”条）虽然如此，“小尧舜”金世宗开卢沟河以通漕之举仍不失为一个相当大胆的尝试。

此后卢沟河决口，金世宗命令调发“中都三百里内民夫塞之”。大定二十五年（1185年）卢沟河又决口，“朝廷恐枉费工物，遂令且勿治”，至二十七年（1187年）始“遣使塞之”。大定二十八年（1188年）五月，金世宗下诏说“卢沟河，使（使臣）、旅（商旅）往来之要津”，命令修建石桥。修桥工程尚未开始，世宗便在大定二十九年（1189年）正月去世了，其孙章宗继立。当年六月，“复以涉者病河流湍急，诏命造舟，既而更命建石桥。明昌三年三月成，敕命名曰广利。有司谓车驾之所经行、使客商旅之要路，请官建东西廊，令人居之。……遂从之”（《金史·河渠志》）。

根据金世宗的决策修造起来的卢沟桥，自1189年夏动工至1192年春完成，历时近三年。本名广利桥，其意不言自明，而民间则习称为卢沟桥（“卢”一作“芦”），相沿至今。800多年来，这座宏伟坚固的大石桥一直担负着京都联系长城内外和全国各地的重任，并以其许多独具的优点而闻名于世，也成为历代兵家必争之

地。金朝末年，自卫绍王大安三年（1211年）以后数年间，金兵与成吉思汗的蒙古兵经常在卢沟桥一带激战，保卫其国都。元朝末年和明朝末年，卢沟桥一带也是重要战场。到1937年7月，此地更成为中华民族奋起抗击日本帝国主义全面侵华的第一个战场。卢沟桥历经八百余度春秋，屡蒙战祸，而雄风浩气不减当年，傲然屹立在滚滚奔流的永定河上，仿佛守护国都的忠勇将军。至今思之，当年“小尧舜”金世宗决策造桥，亦可谓功德无量、泽流百世了。

“世界上最好的、独一无二的桥”

卢沟桥总长266.5米，总宽9.3米，共11孔，是中国北方最长且年代较早的一座大型联拱石桥。它在建筑工程技术上最突出的是桥基和桥墩结构合理，非常坚固。它建在数米厚的鹅卵石和黄沙堆积层的河床上，运用“插架法”结构，即在桥的基础下打桩，以增强河床的抗压力，减少桥基的沉陷。卢沟桥除两岸金刚墙外，共有桥墩10个，墩距不等，由两头向中间逐渐增大，中跨最大。桥墩状如一只平面船，迎水的一面砌成很长的分水尖，尖上均装置约26厘米长的三角形铁柱，锐角向外，好似一把利剑，即所谓“斩龙剑”。相传数百年前有一天忽然天昏地暗，黑云罩地，雷鸣电闪，大雨滂沱。只见卢沟桥上游有十条凶猛恶龙掀浪鼓涛而下，势将造成桥毁岸崩、田舍漂没之局，令人胆战心惊。不料，龙至桥下，转瞬无影无踪，而滚滚洪水也从桥孔平稳流过。人们奔走相告，都说是卢沟桥有锋利无比的“斩龙剑”。这个故事迄今已流传了好几百年。

不必多说，“斩龙剑”指的就是分水尖上的三角形铁柱。卢沟桥一带的水流虽然已较平稳，但这只是与官厅山峡一带那种“惊涛日月翻”的奔腾之势相对而言的，实际上这一带的河段仍然是急流滚滚，对卢沟桥来说一直是严峻的挑战。另一方面，每年春夏之交，永定河上游冰雪融化，大量冰块随着猛涨的水流奔腾而下，直撞桥墩，造成了更大的威胁。建桥者考虑到这些，便特造长达5米左右、异乎寻常的大分水尖，并于其上安装锋利巨大的三角形铁柱，迎击洪流，分水斩冰，使之驯服地流过桥洞。所以“斩龙剑”实为

"斩冰剑""分水剑"。

桥墩顺水的一面，微向内收，略如船尾。这种形状可使水流一出桥洞即分散泄下，大大减少了圈洞内的水压力。如此设计，可谓实用而又美观。桥墩"船尾"与长大分水尖加三角形铁柱构成的"船头"前后呼应配合，分流泄水，降龙伏蛟，迫使汹涌乖张的河水俯首就范，保证了卢沟桥的安全，成为它八百余年安然无恙的一个最重要的原因。

卢沟桥在工程技术上值得大书的另一特点是它的拱券砌筑方法与众不同，它采用纵联式，使整个拱成为一体（如图 1–2）。外侧有一道单独的券脸石，自成一道拱券，拱底有八道通贯的横条石与之交砌，使券脸石也连成整体。桥拱为圆弧形，矢跨比为 1 ：3.5 强，较平坦，桥高 10 余米。拱背上平铺一层 15 厘米厚的伏石，并挑出券脸石外 15 厘米。伏石之上，各拱之间平砌条石，再上便是铺砌的桥面。拱券和桥墩的各部分均用腰铁和铁拉件，以增强石与石之间的联系，此法为我国传统石工所常用。

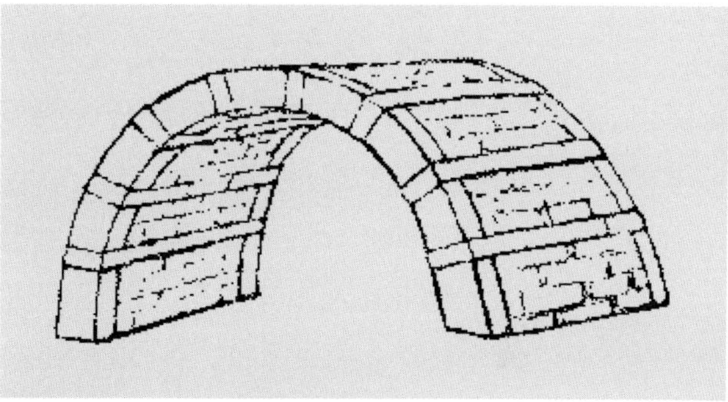

图 1–2 卢沟桥拱券示意图

清朝乾隆五十年（1785 年）拟对卢沟桥进行维修。拆开部分桥面查看后，发现桥身、拱券都非常坚固，不需要花许多人力财力去修理，因此核减了维修工程项目，缩小了工程。事后立了一块石碑，说明有关情况，其中实事求是地评价卢沟桥建筑工程说："石土鳞砌，锢以铁钉，坚固莫比。"经用现代仪器测量，10 个桥墩的高低差除 2 号和 9 号两墩相差各为 12 厘米左右，其余均不到 10 厘米，可见桥墩下沉幅度很小，基础确实坚固。1973 年，有一批超限大件设备需要运过永定河，而卢沟桥附近的新桥按设计的载重远不能胜任，于是拟用卢沟桥。为同时保证设备和古桥的安全，有关的几

个部门特组织力量进行了一次科学实验。结果表明，这座金代古桥竟然能够承受得了一台429吨重的大件平板车的碾压。

至于卢沟桥在建筑艺术上的成就，与它的“坚固莫比”一样，称得上“壮丽莫比”，后面将要说到。元初来华游历达17年的意大利旅行家马可·波罗深为卢沟桥的坚固壮丽所倾倒，乃至于盛赞它是“世界上最好的、独一无二的桥”。

“卢沟桥的石狮子——数不清”

《马可·波罗行纪》中载：“从汗八里城发足以后，骑行十哩，抵一极大河流，名称普里桑干（卢沟河又称桑干河）。此河流入海洋，商人利用河流运输商货者甚伙（众多）。河上有一美丽石桥，各处桥梁之美鲜有及之者。桥长三百步（举足两次为一步），宽余八步，十骑可并行于上。……桥两旁各有一美丽栏杆，用大理石板及石柱结合，布置奇佳。登桥时，桥路较桥顶为宽。两栏整齐，与用墨线规划者无异。桥口（两方）初有一柱甚高大，石龟承之，柱上下皆有一石狮。上桥又别见一美柱，亦有石狮，与前柱距离一步有半。此两柱间以大理石板为栏，雕刻种种形状。石板两头嵌以石柱，全桥如此。此种石柱相距一步有半，柱上亦各有石狮。既有此种石栏，行人颇难落水。此诚壮观，自入桥至出桥皆然。”

“汗八里”是元代蒙古人对元大都（今北京）的称呼，意为“汗城”。“哩”为旧时单位，即英里，1英里约为1.61千米。自元大都皇城至卢沟桥距离为10英里，与今天从北京城到卢沟桥的距离（15千米左右）相当。桥的长宽以及栏杆、石狮、华表等有关记述也基本可在现今的卢沟桥上得到印证。马可·波罗过桥时，距桥建成时间不到百年，“坚固莫比”的卢沟桥当与初落成时无甚变动，足见卢沟桥从其诞生一直到今天八百余年依然保持原貌。它在造型、装饰上的艺术水平之高，可以同当时世界各国任何一座最美的桥相媲美，并且有过之而无不及（如图1-3）。

卢沟桥桥身两侧的石雕护栏，各有望柱 140 根，柱头等处有数以百计的石狮子，这是卢沟桥桥面上最有名的雕刻艺术品。有一句由来已久的歇后语是“卢沟桥的石狮子——数不清”，早在数百年前的文献中就已经记述了类似说法。如明朝的《长安客话》就有“（卢沟桥）左右石栏刻为狮形，凡一百状，数之辄隐其一”的记载，《帝京景物略》也有卢沟桥的石狮子“数之辄不尽”的说法。“数不清”的原因有二：首先是由于石狮数多类繁，大小不一，或隐或现，位置无常；其次是由于往来行人游客一般无暇非常仔细地

图 1-3 北京卢沟桥旧桥面遗址

图 1-4　卢沟桥望柱上的狮子

去查点。1962 年，有关部门派人专门搞了一次清点工作，经过登记编号和反复查找，费了九牛二虎之力，总算点清了——桥上石狮共有 485 只。其中望柱上的大狮子为 281 只，大狮子身上的小狮子为 198 只，桥两头华表柱头上的狮子为 4 只，桥东端顶着栏杆当抱鼓石用的大狮子 2 只。此后人们都说卢沟桥的石狮子已经“数清了”，“卢沟桥的石狮子——数不清”这句歇后语终于“可以休矣”。

谁知卢沟桥的石狮子好像故意捉弄人，好像会生儿育女似的，在 20 余年后的复查中又冒出一批小狮子，竟然多达 16 只！而且在靠近河心的桥墩上也冒出了一只大狮子。这么一来，现在可以说卢沟桥的石狮子总计为 502 只，但要接受以往的教训，不可做出“完全查清了”一类结论。

卢沟桥数百只狮子，不仅种类繁多，隐显不定，而且在造型艺术上都有出人意表之处（如图 1-4），罗哲文先生的《名闻中外的卢沟桥》一文曾做如下描绘，读之令人神往，历历如在眼前：

“这些石狮子，雕刻得非常生动活泼，望柱头上的二百八十一个石狮……姿态各不相同：有的昂首挺胸，仰望云天；有的双目凝神，注视桥面；有的侧身转首，两两相对，好像在交谈；有的在抚育狮儿，好像在轻轻呼唤；桥南边栏杆东部有一只石狮，高竖起一只耳朵，好似在倾听着桥下潺潺的流水和过往行人的说话。这二百多个狮子有雌雄之分，雌的大都在戏弄小狮，雄的在耍弄绣球。”

“在这些大狮子身上，刻了许多小狮，大的十多厘米，小的只有几厘米。它们三三两两，有的爬在大狮子身上，有的伏在大狮子的头上或是背上，有的在大狮子的怀里戏斗，有的在大狮子身上奔跑，有的只露出了半个头、一张嘴，有的在戏弄大狮子身上的铃铛或绒球。真是千姿百态，神情活现。”

坐在桥东头的两只大狮子身长 1. 73 米，重 3 吨，身上爬着许多 20 厘米左右的小狮子。两只大狮子与站在桥西头并以头顶着石栏的两头大象遥遥相望。

在全世界所有的现存古桥中，没有一座能像卢沟桥那样拥有如此众多、如此精美的石狮子，就连那些以“狮子”命名的桥也不能与之相比。狮子有“百兽之王”的美誉，“狮子吼”用来形容佛家说法音声震撼世界，如狮子吼叫，群兽慑伏。狮子传入中国内地后，即被人们视为可与虎比肩的猛兽之王，而且尤能“镇妖压邪”，故宫殿、衙门、官僚贵族和富豪人家朱门之外，乃至庙宇、陵园等处，往往置石狮“镇守”，这些石狮大都成双成对，状貌威武。桥上安放和雕刻石狮，亦是此意。卢沟桥石狮如林，精美绝伦，为此名桥增美增威，使人赏心悦目，跋涉之劳顿消，奋斗精神陡长，大振狮子一般雄风，继续勇往直前，战胜一切艰难险阻。

卢沟晓月——“京师八景”之一

《长安客话》说卢沟桥一带“每当晴空月正，野旷天低，曙色苍苍，波水淼淼，为‘燕京八景’之一”，名为“卢沟晓月”。

自金代建成卢沟桥以后，“卢沟晓月”就被列为“燕京八景”之一，此后它一直是元大都和明清北京的重要景观。卢沟桥东西两头各有一个雕琢精美的碑亭，西头碑亭内有清高宗乾隆帝所题视察卢沟桥诗碑，东头碑亭内便有一块“卢沟晓月”碑，其字亦为乾隆皇帝所题（如图 1–5），均保存至今。“卢沟晓月”之所以会成为京师一大景观名胜并且延续数百年之久，首先还是因为卢沟桥美。

天上月亮只一个，处处月色总一般，而在有些地方，月亮似乎显得分外妩媚可爱，那一定是由于当地本来就有美丽的景物——或者是自然景物美，或者是人工景物美，或者是二者皆美，美丽的景物在温柔的月光之下显得更美，因此连那里的月色也被视为美不胜收了，于是那里便会有嵌以“印月”“映月”“秀月”“晓月”之类的风景名胜了。反之，如果某地并无什么美丽景物，那么“晓月”也罢，“初月”也罢，都不会给人以太多美感。在卢沟桥，天上秀月与河上美桥上下辉映，相得益彰，配以苍苍曙色，淼淼波光，构成了一幅和谐美妙的图画，自然成了胜地佳境。

图 1-5 卢沟桥头的“卢沟晓月”石碑

同时，这也与卢沟桥所处的地理位置大有关系。卢沟桥距京城 15 千米左右，地处交通要道，举凡进京公干的官吏、做贸易的客商、赶考的士子、漫游的文人等，将抵都门，先到此桥，往往要在这里落脚，休息一宿，养足精神，次日早早起身，以便天亮时赶进京城。目的地遥遥在望，卢沟桥上行人如织，车马并进，晴空晓月和石桥流水相映成趣，令人赏心悦目，于是“卢沟晓月”便深深印入人们的脑海之中。

历代诗人歌咏“卢沟晓月”的篇什颇多，如明朝人李贤《晓

过卢沟桥》诗云："金鸡唱彻扶桑晓，残月娟娟挂林杪。长河斜抱凤池西，流彩遥连碧波杳。横桥远亘如游龙，明珠影落长河中。桂魄千层琥珀莹，蟾光万顷玻璃同。霜叶飘飘缀马鬣，沙河闪烁黄金屑。芦荻声脆风力寒，烟霏才上银河灭。往来几暇曾一临，碧波渺渺芦花深。千官振辔发归骑，月华犹在西山岑。"

明大臣金幼孜的《卢沟桥》一诗，写深秋里的"卢沟晓月"，意境淡远，内容丰富。诗云："卢沟杳杳出桑干，月照河流下石滩。茅店鸡声斜汉曙，江沙雁叫早霜寒。水光微带山烟白，野色遥连塞草残。千古长桥枕南北，忆曾题柱倚栏干。"

明月银河、水光白烟、沙汀石滩，以及寒霜残草、茅屋长桥、鸡声雁叫，从天到地，从山到河，一切景物都笼罩在清亮的月光下，而以千古长桥为中心。短短八句诗便写尽作者此时此地的所见所闻所思，全方位地勾勒出晚秋季节"卢沟晓月"的画面。

明朝人邹缉所作《卢沟桥》诗，也很有意趣，诗云："河桥残月晓苍苍，照见卢沟野水黄。树入平郊分淡霭，天空断岸隐微光。北趋禁阙神京近，南去征车客路长。多少行人此来往，马蹄踏尽五更霜。"

诗人歌咏"卢沟晓月"美景的作品，保存下来的只是极少数；而画家描绘"卢沟晓月"的作品，保存下来的就更少了。明朝人赵宽有《题卢沟晓月图》，写的是图中之景，从中可以窥见"卢沟晓月"的真境："银河半落长庚明，城高万户皆鸡声。长桥卧波鳌背耸，上有车马萧萧行。苍烟淡接平芜迥，沙际朦胧见人影。举头一望天宇高，残月苍苍在西岭。"

现藏中国历史博物馆的一幅元朝画《卢沟运筏图》，是传世卢沟桥古画中最有价值者。从图上可以看到卢沟桥下成排木筏顺水而去，卢沟桥上车马往来疾驰，桥两头客舍林立，酒帘高挂，行人、贩夫、骑者各奔前程，一片繁忙热闹之景象。画面所展示的桥墩、桥拱、栏杆、华表、石狮、石象等都与今日卢沟桥完全一致。这说明数百年来卢沟桥"红颜未老"，今昔如一，其建筑技艺之高超确实值得称赞。此图虽非“卢沟晓月”图，但也可以由此及彼，引起想象。

在金、元、明、清时代，卢沟桥也是京师居民送别行人的地方。凡自西南方出京的人，送行者多在卢沟桥畔折柳相别，就像汉唐时代长安灞桥折柳惜别的习俗那样。以此为主要内容的古诗，也有一些留存至今，如金朝大臣、著名学者赵秉文《卢沟桥》一诗云：“河水桥柱如瓜蔓，路入都门似犬牙。落日卢沟沟上柳，送人几度出京华。”

赵秉文激赏的后辈诗人、金朝杰出的文学家元好问在《出都》诗中歌咏道：“汉宫曾动伯鸾歌，事去英雄可奈何。但见觚棱上金爵，岂知荆棘卧铜驼。神仙不到秋风客，富贵空悲春梦婆。行过卢沟重回首，凤城平日五云多。”

此诗作于元乃马真后二年（1243年），上距蒙古灭金已近十载。诗人入都后复出游历，走过卢沟桥，频频回首遥望都城，不觉悲从中来，当即赋成《出都》二首。金朝以后数百年间，历朝被逐出京之朝臣京官、外出逃难的首都居民，特别是亡国遗臣遗民，凡“行过卢沟”者莫不“重回首”频望京城，抚今追昔，百感交集，往往大放“不堪回首卢沟桥”之悲声。元好问的《出都》诗，堪称此类诗文的代表作。可见卢沟桥不仅是古人离京惜别之所，也是古人出都伤怀之处。

王朝乍兴乍亡，古桥红颜不老。如今卢沟桥作为全国重点文物保护单位，得到首都人民乃至全国人民的珍惜爱护，并且在它的身边又有中国人民抗日战争纪念馆巍然耸立——这自然是由于七七事变和全面抗战在这里爆发之故。在卢沟桥一带，名胜古迹密布四方，其中著名者有戒台寺、姚广孝（明成祖心腹谋士）墓塔、镇岗塔、大葆台西汉墓等。朋友，你如果到北京游览，请不要忘记前往卢沟桥。观古桥，入新馆，溯游历史长河，沐浴先辈遗风，必能大增民族志气，为华夏再添光荣！

二 北京永通桥

人取名字都会注意避免与他人相同，同姓者更会注意。但好名字人人喜爱，所以同名者比比皆是，至于今人与古人同名那就更难避免了。桥名亦然，例如名为“永通桥”者就有很多，其中最著名的要数河北赵县的永通桥和北京市通州区（原为通县）的永通桥，二者都有数百年的历史。

通州区在北京市东部，汉代已设县（路县、潞县），东邻河北省三河市与香河县、大厂回族自治县，东南接天津市与河北省廊坊市，地处京津交通要道。明成祖永乐初年置天津卫，自迁都北京后天津卫即为京师东南转漕戍守之重地，首都东南之门户。而通州区（金、元、明、清为通州治所）正是联系北京城与天津卫的纽带，故其境内交通格外发达，大小桥梁甚多，永通桥就是一座横跨通惠河水、架通京津大道的重要桥梁。

永通桥在原通县县城西八里，故又有“八里桥”之俗称，建于明英宗正统十一年（1446 年），晚于卢沟桥和高梁桥。它所跨

临的通惠河，是北京地区一条有名的古运河。元世祖至元二十九年至三十年（1292—1293 年）由时任都水监的大科学家郭守敬主持开凿，起自今北京市昌平区附近，截温榆河河源，疏导使之循西山山麓西折南转，注入瓮山泊（今昆明湖），东南流入大都城（今北京市区），穿城东出至通州区高丽庄（今张家湾村）汇入白河，全长 160 余里，置闸坝 20 座，漕运可直达大都城内的积水潭（今什刹海）。

永通桥是一座三孔联拱石桥，南北向，全长 50 米，宽达 16 米（如图 1-6）。其长比鼎鼎有名的赵州桥（安济桥）仅短 14 米余，而宽则近于赵州桥的 2 倍。桥的两侧有护栏板，板面雕刻十分精美；两侧各有望柱 33 根，柱头雕有石狮。正中桥孔东西面的石泊岸上有石雕镇水兽，共 4 只，均作蹲伏状，而桥头也有石兽，形象都很生动。在桥的东面立有清世宗雍正十一年（1733 年）“御制通州石道碑”一座，碑文详述京师至通州间的筑路情况，对研究清代前期北京地区道路交通建设的历史有一定的参考价值，值得重视。

像卢沟桥一样，永通桥也是近代以来帝国主义列强侵略中国和中国人民抗击侵略的历史见证。清文宗咸丰十年七月（1860 年 8 月），发动第二次鸦片战争的英法两国侵略联军在攻陷天津以后，直扑通州，咸丰皇帝命令僧格林沁亲王和胜保等率军在通州布防。八月四日（9 月 18 日），英法联军约 3500 人在通州城南 10 千米的张家湾击败清军，清军退守八里桥（永通桥）。八月七日（9 月

图 1-6　北京永通桥

21 日），英法联军在充分准备后向八里桥发起总攻，清军 3 万余人奋起迎战，于是爆发了第二次鸦片战争中最激烈的一场战役——八里桥大战。当时驻守在八里桥一带的清军爱国官兵“奋不顾身，齐声大呼杀贼，进如山倒。战一时许，伤毙敌兵千余，白黑夷死者不少，贼势不克，披靡却退”（《庚申夷氛纪略》）。在激战中，许多爱国官兵献出了生命，血染八里桥。然而，正当爱国官兵与敌寇殊死搏斗之时，大学士瑞麟所部清军却不战而散，僧格林沁也“于酣战之际，自乘骡车，撤队而逃”，遂致清军动摇，“贼势复张”，反败为胜。消息传入紫禁城中，清廷满朝震惊，咸丰皇帝乃于翌日仓皇逃往热河。

清军在八里桥大战中虽然败绩，但也使英法侵略军受到重创，一时无力进攻北京城。直到半个多月后，法军增援到八里桥，合英军共一万余众，分左右两翼西进，才逼近京城。

事过 40 年，到光绪二十六年（1900 年）夏，巡阅长江水师大臣李秉衡率军抵通州河西务（今属天津市武清区），迎击八国联军。此时清廷非常腐朽，许多将官畏敌如虎，李秉衡虽年届七旬仍率军誓死抵抗，终因独立难支，败退至八里桥南张家湾。他恨怒交加，悲愤自杀。次日，八国联军攻占了通州，侵略者的车炮铁骑碾踏过八里桥滚滚向西，攻入紫禁城，使中国蒙受了空前的奇耻大辱。

一百余年后的今天，永通桥这座 500 多岁高龄的古桥，这座浸染着我们祖先鲜血的古桥，这座铭刻着侵略者血腥罪恶的古桥，焕发着新的青春活力，为繁忙的京津交通运输鞠躬尽瘁。

三 北京地区其他著名古桥

1. 外金水桥

人们一提起北京，马上就会想到天安门；一提起天安门，也马上就会想到金水桥。雍容大雅的金水桥连同桥边威武雄健的石狮、刚直庄严的华表，与其身后巍峨壮丽的天安门城楼和面前宽广坦荡的天安门广场，浑然一体，成为首都北京的象征。

外金水桥共 7 座，其中 5 座位于天安门城楼下，另外 2 座分别在太庙（今劳动人民文化宫）和社稷坛（今中山公园）前面。天安门居中，太庙和社稷坛分居东西两侧，所以天安门城楼下的 5 座金水桥格外引人瞩目。之所以有“外金水桥”之名，乃是由于这一组桥梁坐落在明清时代皇城的正门——天安门外面的金水河上，相对于坐落在紫禁城内太和门前金水河上的内金水桥而言则称为“外金水桥”。内金水桥也是 5 座一组，汉白玉单孔拱券式，造型秀美，同雄伟壮观的午门城楼和北面金碧辉煌的太和殿（金銮殿）相映衬，引人入胜。而外金水桥气势更加雄壮，并因位居红墙之外，首都居民和四方游客可以随意观赏，使人更感亲切（如图 1–7）。

外金水桥与皇城、宫城（紫禁城）都是明初的遗物。明成祖永乐四年（1406 年）始建皇城和紫禁城，到永乐十八年（1420 年）基本建成，同年宣布定都北京。而天安门（明代称承天门）建于永乐十五年（1417 年），太庙建于永乐十八年，社稷坛建于永乐十九年（1421 年），它们前面的外金水桥也随之建成。这 7 座金水桥正中间的一座桥身较宽，帝制时代只供皇帝行走，因而有“御路桥”之称。天安门前的 5 座金水桥各自正对着一个城门洞，另外

2 座分别对着太庙和社稷坛的大门。帝制时代，外金水桥禁制甚严，只有出入皇城、太庙、社稷坛的帝王将相和王公贵族等才能从它们上面走过。

辽金时代疏引今颐和园西玉泉山群泉之水东注今北京市中海、南海、北海，元代重加修浚，并因水道下游被圈入禁苑而有金水河之称；清代以紫禁城内的一支为内金水河，皇城前的一支为外金水

图 1–7　北京天安门城楼下的外金水桥

河，故金水桥名乃有内、外之别，相沿至今不改。内外金水桥都是拱券式，而外金水桥为三孔，建筑材料都是洁白坚硬的汉白玉，桥栏雕琢十分精美。居高远望，整个外金水桥宛如一束玉带，规整地伸展在碧波粼粼的外金水河上，与城楼、华表、石狮等高下错落，美轮美奂，透露出一派富丽堂皇、庄严典雅的“天朝气象”。

2. 高梁桥

熟悉宋史和北京掌故的人，都知道千余年前发生在今北京外城一带的一场大战——宋辽高梁河之战。北宋太平兴国四年（979年），太宗皇帝率军消灭立都太原的北汉政权后，乘胜挥师攻辽国，围其南京（今北京），城中大震。辽以全力来援，七月，与宋军大战于高梁河。宋军先胜后败，皇帝乘驴车南走，辽帅耶律休哥也受伤不能骑马，轻车追到涿州（治所在今河北省涿州）而止。此役是宋辽对峙中的关键性一战，高梁河也由此名闻天下，载入青史。

高梁桥就是横跨在高梁河上的一座著名古桥，位于今北京市海淀区西直门外。高梁河又称高梁水，古书中或写作“高良河”，发源于今西直门外紫竹院公园湖（水源上溯可至玉泉山），东流至今德胜门外，折向东南斜穿今北京内、外城，至今十里河村东南注入古漯水（今永定河前身）。后因人工改造，故道多堙，仅有部分遗迹尚存。元代，高梁桥筑在高梁闸上，名声渐著。此后更成为皇都居民清明时节出城踏青聚游之处。《畿辅通志》引《帝京景物略》说，高梁河“水从玉泉来，三十里至”高梁桥，桥下荇菜浮波，“鱼头接流；夹岸高柳丝丝到水。岁清明，都人踏青高梁桥，舆者（驾乘车辆者）、骑者以万计”。数以万计的首都官民会聚在高梁桥一带踏青游春，歌舞饮酒，赋诗作文，加上卖物卖艺等，其热闹场面可想而知。

现在所见的高梁桥，是清代重建的，为单孔拱桥，建筑材料用青白石，两侧有栏板、望柱。高梁桥下流淌着清澈见底的玉泉水，两边堤岸绿树成荫，仍是首都居民的一个好去处。这里交通十分方便，名胜馆园密布，西北斜贯东南的高梁桥路与学院南路、大慧寺路、北礼士路和西直门内、外、南、北大街通接，北京动物园、北京展览馆、北京天文馆等均在高梁桥附近。

3. 清河广济桥

北京市海淀区清河镇南的清河上，横跨着一座著名的古桥——广济桥，俗称清河桥。广济桥建于明成祖永乐十四年（1416 年），当时为了加强北京城与西北边关之间的联系而整修道路并建此桥，后来此桥更成为皇都通往皇陵（即明十三陵）的必经之路。

广济桥为拱券形，三孔，全长 48.04 米，宽 12.46 米，桥身用条石和城砖混合砌筑，缝隙全用白灰浆灌合，拱的内券石之间则用铁银锭榫连接，十分牢固。桥上有石栏板、望柱、抱鼓石，纹饰雕刻简洁古朴，落落大方。

五六百年来，广济桥一直广济京城西北车马行人往来。1982 年，考虑到它排洪困难，难以适应日益繁剧的交通运输，乃按原状将它迁移到清河镇东南面的小月河上，其古朴风貌一如其旧。

4. 沙河朝宗桥

北京市昌平区沙河镇之北有河名曰北沙河，为温榆河上游，河上有桥名曰朝宗桥（如图 1–8），俗称沙河桥。它比广济桥长得多，而且也更有名。

朝宗桥始建于明英宗正统十三年（1448 年），比广济桥问世

图 1–8 北京沙河朝宗桥

晚32年，而比北京永通桥仅晚2年。当时，昌平县（后来升为昌平州，今昌平区）天寿山下的盆地里已经有了明成祖的长陵、明仁宗的献陵、明宣宗的景陵。明英宗为自己及其他皇族成员、公卿大臣等朝拜先代皇帝陵寝之便，特在北沙河上架此朝宗桥，后遂成为京城通往明陵及西北边关最大的一座石桥。

朝宗桥全长130米，宽约13米，七孔拱券形，实心板护栏，形制十分古朴，与清河广济桥略同而规模则远远超过广济桥。该桥北头有明神宗万历四年（1576年）镌刻的“大明朝宗桥”石碑一块。渡过朝宗桥，明十三陵和居庸关等名胜便遥遥在望了。

5. 房山琉璃河大桥

北京市房山区南与河北省涿州市相邻的琉璃河镇，地处京广铁路、京深高速公路与大石河的交叉点，3000多年以前就是周初燕国的始封地，发现有商周时代的居住遗址、古城址和墓葬等，出土兵器、车马器和大批造型奇特美观的青铜礼器，多有铭文，并见有“匽侯”（匽侯即燕侯）字样。该遗址位于琉璃河镇北部、大石河左岸5~6千米的台地上，而大石河上的著名古桥——琉璃河大桥就在该遗址附近（如图1-9）。

图1-9 北京房山琉璃河大桥

琉璃河大桥建成于明嘉靖二十五年（1546年），位于京城与河北之间的主要交通线上。这是一座多孔联拱式大石桥，栏板实心，形制敦厚大方，桥身凝重坚固，迄今已有400余年历史，原状依然保存完好。

北京地区其他著名古桥，还有内金水桥、断虹桥、金鳌玉蝀桥、堆云积翠桥（永安桥）、玉带桥、十七孔桥、织女桥（荇桥）以及北海静心斋石拱桥、小玉带桥、罗锅桥等，这些将在第七章中择其要者略加介绍，此处不赘述。

第二章 长城南北多雄胜
——北方地区古桥

中国的南方和北方，大致以秦岭—淮河一线为界，北方有今黑龙江、吉林、辽宁、内蒙古、河北、北京、天津、山东、河南、山西等省、直辖市、自治区，基本上地处北纬 33° 以北。

至迟在旧石器时代晚期，中国的南、北方和东、西部在文化面貌上已显露出明显的差异。根据著名考古学家苏秉琦的研究，到了距今 1 万年至 4000 年，在原先具有文化差异的四大部分的基础上又形成了相对稳定的六大文化区域，其中“以燕山南北、长城地带为中心的北方”、“以山东为中心的东方”和“以关中（陕西）、晋南、豫西为中心的中原”这三大文化区系都在中国北方范围内，红山文化、仰韶文化、大汶口文化和龙山文化都得到了充分发展，整个中国文化的重心常在北方，后来夏、商、周、秦、汉、隋、唐等朝代最先进的地区也是在北方的关中、中原、山东一带，自秦汉至明清的“六大古都”中更有长安（今西安）、洛阳、开封、北京四都位居北方。所以至少在隋唐五代以前，中国桥梁事业最发达最先进的地区是在北方。这一点仅从北方一些现存古桥年代之久、质量之高和工程之巨便可窥见一斑。当然，由于历史上的大规模战乱大多发生在北方，以致有“中原板荡”等语，绝大部分古桥被毁掉了，幸存者的数量不如南方。

除园林山水桥外，北方现存建成于1912年清亡以前比较知名的古桥有50余座，其中特别著名的或在某一方面很值得重视的有十几座，即陕西灞桥、东渭桥（遗址）、龙桥，河南小商桥、永和桥，河北安济桥（赵州桥）、永通桥，山西景德桥，山东卞桥、青岛湾前海栈桥，甘肃灞陵桥、阴平桥、黄河铁桥，辽宁天盛号石桥、永安石桥，黑龙江大石桥等。另外，陕西褒斜道栈道遗迹、河南三门峡和山西黄河栈道遗址，也有重要的研究价值。古人说北方桥梁多系“天下之雄胜”，是有根据的。

一 灞桥

箫声咽，秦娥梦断秦楼月。秦楼月，年年柳色，灞陵伤别。

乐游原上清秋节，咸阳古道音尘绝。音尘绝，西风残照，汉家陵阙。

这首《忆秦娥》和另一首《菩萨蛮》（平林漠漠烟如织），传为李白所作，同被誉为“百代词曲之祖”，流传千古。那么，“年年柳色，灞陵伤别”说的是什么呢？

霸陵是汉文帝的陵墓，位于汉都长安（今西安市）东面的霸陵县，县境有号称“关中八川”之一的霸水（灞水），为渭水一大支流。横跨灞水的灞桥，位于长安东连潼关的交通要道之上，是联系关中与关东地区的纽带。自古以来，东出长安者必过灞桥，亲友们也都送行到灞桥，然后折柳赠别。西来长安者也必过灞桥，亲友们也是在灞桥相迎。《开元遗事》云：“灞桥来迎去送，至此黯然，故人呼销魂桥。”尤其是那些文人墨客，送行至灞桥时，一般都会情不自禁地吟哦几句断肠诗，诗中往往要提到折柳赠别之事，这使“销魂桥”更加名播远近，成了离别伤怀之地的代表。李白词中的“年年柳色，灞陵伤别”即写其事，“灞陵”代指灞桥。

古灞桥堪称中国古代木、石梁桥的光辉典范，它的历史可以追溯到两千多年前的春秋时代，它的英姿凝聚着中华儿女的无穷智慧。

灞水原名滋水（一作兹水）。春秋早期，曾攻灭十二国、称霸西方的秦穆公为显示其创立霸业之功而改滋水为霸水。《水经注》

中说："灞水古名滋水，秦穆公更名以显霸功。水上有桥，谓之灞桥。"当时秦国立都于雍（今陕西省凤翔县内），为与晋国争霸及进攻灞水以东小国，经常出兵作战，也需要在灞水上建桥，于是早期的灞桥便应运而生了。由此直到战国末，秦国连年出兵东攻六国而灭之，秦军大多渡灞桥出入。《史记·白起王翦列传》记载，秦王嬴政二十二年（前225年）将军王翦率60万大军出关进攻楚国，嬴政（即秦始皇）亲自送至灞上。秦末农民战争及楚汉相争时，灞桥及其周围地区仍是兵要之地。《汉书·高帝纪》记载，汉王元年（前206年）冬，刘邦率军大破秦兵，"至霸上"，秦三世侄公子婴前往投降，至枳道亭（在灞桥西）。

西汉立都于长安，灞桥在长安城东10余千米处，相去咫尺，地位尤为显要。此后新朝（王莽为帝时）、东汉（献帝初）、西晋（愍帝）、前赵、前秦、后秦、西魏、北周、隋朝、唐末都以长安为首都；而东汉及三国魏、五代、唐亦皆以长安为陪都；新朝末年绿林、赤眉和唐朝黄巢起义军等也曾建都于长安；宋、元、明、清各朝虽然不立都于长安，但长安作为关中第一大城和千年古都、名胜古迹荟萃之地，盛名经久不衰。而屹立于古都东线交通主干道之上、作为古都呼吸吐纳咽喉的灞桥，也阅尽人世沧桑，饱尝风霜雨雪，并且像古都长安城一样屡踣屡起，旧貌换新。

西汉的灞桥，长时间以石为梁，后来改为木梁。《汉书·王莽传》载，地皇三年（22年）二月，有贫民栖身桥下烧饭失火，延及桥身。当时数千人赶来泼水救火而大火不灭，烧了一天一夜，"桥尽火灭"。身陷四面楚歌之中的王莽，继续玩弄鬼神惑众的伎俩，胡说灞桥火灾是什么上天"欲以兴成新室、统一长存之道"的瑞应吉兆，故将重修后的灞桥更名为长存桥，同时将灞桥附近之灞馆改名为长存馆。这是史书中关于灞桥毁而复建的第一次明确记载。

到了隋文帝开皇三年（583年），重修灞桥，仍用石梁，上距地皇三年已561载。此后约500年间，灞桥声名日隆，附近遍植翠柳，春来柳絮如雪，随风飘飞，冬则雪霁风寒，沙明石露，遂有"灞

柳风雪”美称，被列为“关中八景”之一。当时人歌咏描写灞桥的诗文甚多，留存至今的就有前引李白词以及王昌龄《灞桥赋》、杜颜《灞桥赋》、王之涣《送别》、杜牧《杜秋娘》、韦庄《秦妇吟》、罗隐《柳》等。罗隐诗云：“灞岸晴来送别频，相偎相倚不胜春。自家飞絮犹无定，争解垂丝绊路人。”诗句情意缠绵而又颇有风趣，不像传为李白的词作那样凄婉伤感。这些文人诗赋不仅给我们留下了当时灞桥的风情画面，有的还保存了当年灞桥的气势、雄姿和其他有关史料。如王昌龄《灞桥赋》云：“惟梁于灞，惟灞于源，当秦地之冲口，束东衢之走辕。拖偃蹇以横曳，若长虹之未翻；隘腾逐而水激，忽须臾而听繁。……皇风不竞，佳气常依。既东幸而清道，每西临以驻旗；连袂挟毂，烟阗雨飞。”杜颜《灞桥赋》云：“袅袅红桥兮，代造舟之厥初。飞梁默以霞起，彩柱烂其星舒。九陌咸凑，三条所如。连山叠翠而西转，群树分形而北疏。电透孤棹，雷奔众车。……晚而游宴，咸出国门。七叶衣冠，憧憧而遥度；五侯车马，奕奕而腾轩。”当时灞水宽达数百米，灞桥自然很长，王昌龄赋中说它“若长虹之未翻”是实喻实写。《唐六典》说：“天下石柱之桥四：洛则天津、永济、中桥，灞则灞桥。”也就是说当时灞桥是石柱为墩的多跨梁桥。据杜颜赋中所说，它是“飞梁”“彩柱”，非常壮丽；而且远有青山衬托，近有众路汇合，绿树轻舸，碧流紫烟，桥上车马奔腾，男女如织，一片繁华景象。

隋唐时期的灞桥，地处潼关、蒲津关、兰田关三条大路的交会处，是长安新城（大兴城）东方的交通要冲。延续到北宋神宗年间，毁而重修。现已发现隋代灞桥遗址，掘得完整桥墩 4 座，还有桥饰物石雕龙头等。龙头颈直目圆，气势不凡，造型古朴粗犷，与常见的明清石龙不同。

元顺帝至正三年（1343 年），灞桥又大修一次。《西安府志》记载，此时灞桥“共十五虹，长八十余步，阔二十四尺，中分三轨，旁翼两栏，筑堤五里，栽柳万株”，面目一新。

三百余年后的明宪宗成化六年（1470 年），增修灞桥，不久因泥沙壅塞而倾圮。此后倾圮频繁，到清圣祖康熙六年（1667 年）遂改用舟载与桥渡结合之法，即水涨时以船渡，水落时则架临时木桥，延至康熙三十九年（1700 年）乃造永久性桥，而三年后又毁。清高宗乾隆时，灞桥两建两毁，只得仍用舟载与桥渡结合之法。

自成化以后三四百年间，灞桥屡建屡毁，以致有"率六十年一成毁"之说。其主要原因在于灞水上游秦岭山区的树木久遭滥伐，山洪得以席卷泥沙冲下，淤高河床，缩小桥下净空，湍流袭击墩台乃至危及桥面。另外，大水往往冲决堤岸，增宽河面，灞桥长度总是不够，迫使人们屡加延修。

清宣宗道光十三年（1833 年），在陕西等地广大百姓的推动下，陕西巡抚杨名飏主持了灞桥重建工作，历时九个月告成。这次重建工作，充分吸取了西安西南那座历经 160 余度春秋仍能安然无恙的普济桥的建造技术和成功经验，认真分析了灞水的具体情况，精心设计，优质施工，终于结束了灞桥屡建屡毁的历史。重建后的灞桥，是一座多跨的桩基础石制排架墩简支木梁桥。桥宽约 7 米，长近 400 米，67 跨，每跨长 6 米左右不等。桥墩由护底、柏木桩、石盘、石柱、盖梁组成。具体做法为：以 4 米多长优质柏木 11 根为一组，共托石盘（直径 1.44 米）一个，布成梅花式，夯木入土，作为墩基；为增强抗冲击力，又在墩基上下游 4 米宽度范围内另筑白灰三合土护底一层，厚约 1 米，遍及桩基；为求稳固，石盘周围特环立护桩 8 根。每墩沿桥的横向有 6 个石盘并列成行。每一石盘中心之上各立石柱一根，柱径 96 厘米，高 2. 56 米，柱以 4 段石轴上下叠压卯合而成；6 根石柱之上共置石盖梁作为"公帽"。如此这般，"六柱一梁"便构成了排架式桥墩。这种桥墩与现代排架式桥墩基本形式相似，但不像后者那样使用抗弯能力很强的钢筋混凝土结构，只是在石轴中心点用阴阳卯和短铁柱做连接物，类似近代结构学中所谓铰链式连接，因有来自上部桥面和自重的巨大竖向压力起到预应力的作用，所以使石柱得到了较大的抗弯能力。同时，

圆形石柱不易引起涡流，也不易招致冲刷和沉积，比方形石柱有明显的优越性，而且柱间又有相当空隙，也有利于导流排洪。专家认为，桥墩结构如此符合科学道理，整体效用良好，乃是道光年间所修灞桥坚固耐久的主要原因。

桥墩盖梁之上，各嵌托木 15 根；托木之上，架修木制主梁，每跨 15 根；主梁之上，满铺枋板；枋板之上，沿左右两侧均装栏土枋（后换成砖墙），其间填充灰土，最上铺设石板桥面。桥面两侧砌筑石墙栏，其上装有栏杆，并以石雕花果鸟兽之类为装饰。

综上所述，道光年间所修灞桥的结构由下而上依次为：木桩及护底—石盘—石柱—石盖梁—托木—木制主梁—枋板—灰土层（灰土板）—石板桥面—石墙栏及栏杆。层层叠压，紧密联结，坚固犹如一体，而每一层之设均所必需，不可或缺。另在桥两头靠近平地之处（即桥堍）筑有神祠、候馆和碑亭，以为祭祀神灵、迎送宾客和树立碑碣之所。为了护岸防坍，又在两岸加筑了三百丈（近 1 000 米）长的灰土堤。能工巧匠们技艺精湛，才智过人，在施工过程中也有突出表现，如修筑斜堤挡水以保证施工之法，特制桩架和矮车等工具。矮车运送石盘石柱，而其车轮即以被运送的石盘石柱充当，仿佛自运到位。

1957 年改建古灞桥，经鉴定认为原墩完好，不必更换。于是在原石柱之上建造了混凝土实体墩以提高桥面，增大净空，上部桥跨结构改为钢筋混凝土板。改建后的灞桥，宽 10 米，其中车行道 7 米，两侧人行道各 1.5 米，全桥 64 孔，总长 389 米，长梁薄板，栏柱栉比，面貌一新，与周围景色十分谐调。近些年来，在灞桥两岸数十里河堤上新植了十余万株杨柳，“灞桥柳色”和“灞桥风雪”的古景得以再现人间，古都风采锦上添花。

两千多年来，灞桥不断更新，生机盎然，“一息尚存，奋斗不止”，为社会发展做出了不可估量的贡献。它作为唯一存世的秦汉大型古桥，作为诗情画意的文物桥和运载繁忙的交通桥，将永世长存，万古流芳。

二 渭水三桥

众所周知，黄河流域是华夏文明的主要发源地。而黄河的最大支流渭河，东流横贯陕西中部关中盆地，两岸平原广阔，土壤肥沃，自古农业发达，号称“八百里秦川”，这里更是孕育华夏文明的一大摇篮。西周丰、镐两京都在渭河支流沣水河畔，秦都咸阳、汉都长安也都久沐渭水恩泽。所以有人说，渭河之于咸阳、长安，如同幼发拉底河、底格里斯河之于巴比伦，渭河在华夏文明发展史中的地位极其重要。王京帝都临水跨河，宫殿成群，苑林相接，人烟稠密，车马如云，必然要大造桥梁，沟通渭水两岸。于是便有著名的“渭水三桥”——中渭桥、东渭桥和西渭桥先后问世。

1. 中渭桥

秦孝公十二年（前 350 年），当商鞅变法初见成效时，秦自雍徙都咸阳（今咸阳市东南），进一步推行变法，奠定了秦国富强的基础。据《三辅黄图》记载，自孝公至秦二世，皆都咸阳，前后相沿百余年之久。又《三辅故事》记载：“咸阳宫在渭北，兴乐宫在渭南。秦昭王欲通两宫之间，作渭桥。”秦昭王在位 56 年，屡屡兴兵进攻韩、赵、魏、楚、齐诸国，奠定了此后秦灭六国、统一天下的基础。他下令修筑渭桥，不仅仅是为了便于在南北两宫间往来，也是进行统一战争的需要。此渭桥即后世所说的中渭桥，当时名横桥。

秦始皇统一天下后，迁海内豪富 12 万户于咸阳，并大兴土木，广造宫殿，都城规模空前扩展，于是又改建加固中渭桥。《三辅黄

图》记载，秦始皇“（引）渭水贯都以象天汉（象征银河），横桥南渡以法牵牛（效法牵牛星座）”，联结南北宫群。当时中渭桥（横桥）“广六丈，南北三百八十步，六十八间（跨），七百五十柱，百二十二梁”。总计 67 墩，每墩 11~12 柱，宽度则相当于今天城市桥梁 4~5 条车道，长度也很惊人。此桥规模宏大，反映出秦统一全中国后国家的强盛和秦始皇君临寰宇的气度雄心。

在汉代，中渭桥始由横桥改名为渭桥、横门桥（与长安城西面横门相对）、石柱桥，增筑东、西二桥后才有“中渭桥”之称。汉高祖七年（前 200 年），将秦兴乐宫改建成长乐宫，周围 10 千米，面积几乎占长安城的 1/4，是当时范围最大的宫殿区。而整个长安城内的街道皆可供两车并行，直通城门的大道竟宽达 22 米左右，可容 12 辆马车并行，穿过城门口即与城墙外护城河上的石桥相接，这些石桥的宽度与大道宽度差不多。长安城内另有“十六桥”，城郊渭水之上后来又增至三大梁桥。而中渭桥可以称得上京都内外“众桥之长”，汉朝许多重大历史事件都与中渭桥有关。汉高后八年（前 180 年）吕后死，丞相陈平、太尉周勃等诛灭吕氏集团，并率百官在中渭桥迎接代王刘恒（汉文帝）入京继位，复兴汉室。汉武帝征和三年（前 90 年）三月，贰师将军李广利率 7 万大军出征匈奴，丞相刘屈氂为他祖道（祭祀路神并饮宴送行），送至渭桥，私议立太子事。后被告发，刘被杀，李败降匈奴。汉宣帝甘露三年（前 51 年）春，匈奴呼韩邪单于入京朝拜，宣帝下令单于随行大臣皆可列观，并令君长王侯数万人在渭桥下夹道欢迎。当宣帝登上渭桥时，人们高呼“万岁”，声震天地，由此揭开了汉匈和好、民族亲善的新篇章。

东汉末年，董卓贼党肆虐关中，渭桥被焚毁。三国初，曹魏政权将它修复。据北魏郦道元《水经注》记载，中渭桥为排架墩，上置大木梁，梁上铺设木板桥面，两侧设雕花木栏杆。中间桥孔高而大，两边桥孔低而小，既可使高大楼船顺利通过，又能使桥面雨水迅速排除，免遭腐朽。两端桥堍上有华表、镇水妖石雕及石灯柱等。它位于秦咸阳城正南，汉长城北偏西，今咸阳市东约 10 千米。

像古灞桥一样，它也多灾多难，屡毁屡复。到了唐太宗贞观十年（636年），中渭桥桥址东移约5千米，在今西安市正北。唐人乔潭在《中渭桥记》中描述其壮丽繁盛景况云：“丹柱插于坎窞，朱栏绝而电炫，乃虹引成势，犹雀填就功。连横门，抵禁苑，南驰终岭、商洛，北走滇池、廊畤，济济有众，憧憧往来，车马载驰而不危，水潦起涨而转固。”

2. 东渭桥

东渭桥位于陕西省高陵县（今高陵区）白家嘴，即今西安市东北灞水、泾水合渭处东侧。相传汉高祖刘邦为便利都城长安和栎阳之间的交通而修造了此桥。古城栎阳位于今陕西省西安市临潼区北渭水北岸，与古长安隔渭水南北相望，曾为战国时代秦国都城，楚汉相争之际塞王司马欣和汉王刘邦灭塞王之后均曾立都于栎阳，其地位之重要性显而易见，刘邦在中渭桥之东特修东渭桥以通栎阳，其战略意图不言自明。汉景帝年间曾重修此桥，以后各朝代也屡加修理。

在唐代，东渭桥规模甚大。桥长达400米左右，宽约20米；桥基由青石砌成，青石一般长1米、宽0.5米、厚0.2米，青石之间有用铁水浇铸的铁栓板相联结，石缝中灌以铁汁，石头周围竖立松木桩，每排木桩宽9.5~10.6米；桥的两端均有护桥桩。东渭桥施工之精细和规模之宏伟，在古代桥梁史上也是罕见的。

唐代东渭桥是战略要地、漕运要道和交通要冲。唐高宗咸亨三年（672年）前后，朝廷在东渭桥附近设立渭桥仓，漕粮自东方运送过来，先要聚储于此仓，然后再转运到长安，以供京城居民之需。渭桥仓是国家大仓库之一，同时又是漕粮中转站之一，依托东渭桥，运输极其方便。唐朝后期，藩镇割据混战，德宗时军阀朱泚叛乱，于建中四年（783年）纵兵在京师哗变，逼走德宗而自立为帝。名将李晟自定州驰救朝廷，大军即驻扎在东渭桥附近，激战后收复长安迎回德宗皇帝。唐代日本等东方各国使臣入长安朝见皇帝，也经由此桥，跨过渭水南行。日本古代文献中保存有这方面的记载。

3. 西渭桥

西渭桥在今西安市西北三桥镇西北沣河入渭处，今咸阳市南。始建于汉武帝建元三年（前138年），其直接目的是便利京城与新建的茂陵（武帝预修的陵墓，并置茂陵县）之间的往来交通。桥与长安城西面的便门相对，故又称便桥或便门桥，距长安城20多千米。

唐代，西渭桥也被称为咸阳桥。杜甫《兵车行》云："车辚辚，马萧萧，行人弓箭各在腰。爷娘妻子走相送，尘埃不见咸阳桥。牵衣顿足拦道哭，哭声直上干云霄。"这里所说的咸阳桥，即西渭桥。

西渭桥在汉唐时期一直是长安通往西域、巴蜀各地的交通要道，并像东渭桥一样是战略要地。隋唐时期，突厥势力强大，雄踞西北，经常寇掠边境，深入内地。唐高祖武德九年（626年）八月，突厥入寇，直逼长安，颉利可汗率军攻至渭水便桥（西渭桥）北，派使臣执失思力入朝，以观虚实。执失思力以"颉利与突利二可汗将兵百万，今至矣"相威胁，举朝震惊。刚即帝位的唐太宗临危不惧，挺身而出，亲率高士廉、房玄龄等6人，驰马直奔便桥，与颉利隔水而语，大声斥责他违背盟约的行径。颉利及突厥将士"大惊，皆下马罗拜"。太宗又与颉利谈论一番后，颉利当天请和。隔了一天，太宗"又幸城西，斩白马，与颉利盟于便桥之上。突厥引兵退"。到唐玄宗晚年，西南部的吐蕃又强盛起来，进攻河西，其他一些边疆地区也都乘唐朝政治腐败之机大肆袭扰。玄宗不肯悔过自新，改弦更张，一味穷兵黩武，连年征兵出战，弄得民不聊生，怨声载道，杜诗《兵车行》即写其事，其中"尘埃不见咸阳桥"等句，足以使人想见当时出征大军跨过西渭桥之际将士与其亲人生离死别、哭声震天的悲惨可怕场面。《兵车行》使西渭桥（咸阳桥）更加声名远播，流传至今。

历史悠久、名闻中外的渭水三桥，从先秦、秦汉时代延续到唐宋时代，都先后毁废了，各自存在了千余年。自中渭桥诞生之时迄今两千余年间，渭水北移约6千米，而且五代、两宋、元、明、清各朝代均不立都于长安，渭水三桥难以随水而移建，所以皆成陈迹。今天雄踞于渭河之上的桥梁，都是现代新桥。

不过，《三辅黄图》《水经注》《唐六典》等古书和一些正史、野史及方志为我们提供了关于渭水三桥的许多文献资料，而考古发掘更为我们提供了相当丰富的实物资料，这些文献和实物资料使我们能够对渭水三桥的昔日风貌略窥大概。

据前引《三辅黄图》《水经注》等书的有关资料，可知渭水桥（指中渭桥）是一座多跨梁式桥。《三辅黄图》成书于南北朝以前，比北魏郦道元的《水经注》问世还早，其中关于中渭桥的记载，是首次明确说明秦汉桥型和详细尺寸数据的历史文献资料，价值可贵。内蒙古自治区和林格尔县东汉墓壁画中，有渭水桥图（如图 2–1），形象明晰。图上显示渭水桥为多跨梁桥，每跨各有 4 根木柱组成的排架式桥墩。成都青杠坡汉墓出土的桥梁画像砖显示桥为多跨梁桥，两个边跨呈斜坡状，中间诸跨水平，桥上有双马拉车（如图 2–2）；山东沂南汉墓的桥梁画像砖显示的桥型与上述桥型相同。陕西与和林格尔、成都、沂南三地相去甚远，而所遗桥梁图形却如出一辙，可见多跨梁是秦汉时代普遍存在的桥梁形式，渭水三桥堪称其代表。

图 2–1　渭水桥图

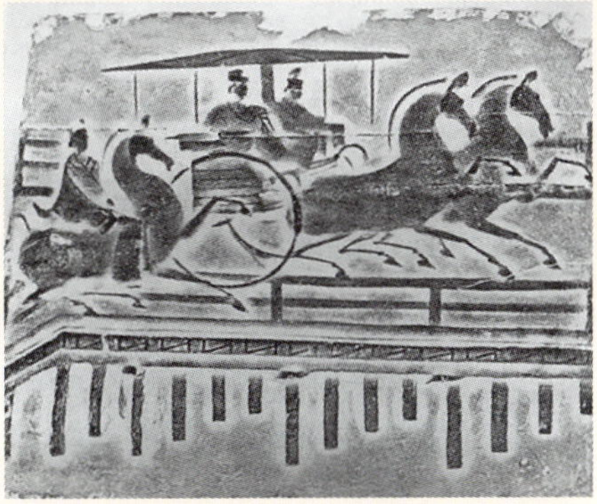

图 2–2　成都青杠坡汉墓画像砖

汉代梁桥中段高起，可能是为了满足高大船只通过时所需的净空。汉代已有楼船等高大船只，江淮以南统率水军的将领因乘坐楼船，有“楼船将军”的名号。《汉书·薛广德传》记载，汉元帝欲乘楼船泛渭水，御史大夫薛广德和光禄大夫张猛（张骞之孙）力谏，说“乘船危，就桥安”，元帝乃乘车过便桥（西渭桥）。据《三辅黄图》记载，渭桥南北两头筑有堤激（即泊岸），用以抗波防坍。砌筑泊岸是现代桥梁、码头、水利工程常用技术措施，而秦汉桥工早已采用之。

据和林格尔汉墓渭水桥图所示，桥柱顶部有两条斗拱承托着盖梁（支承纵梁的横梁），桥头有华表（或灯柱），说明当时人在注意桥梁建筑的实用性的同时也很讲究建筑艺术。渭桥桥柱很多，需将柱脚置于坚实稳固的桥桩顶上，故又必须在河底打桩。《水经注》载：“秦始皇造桥，铁镦（大型铁椎——千斤椎）重，不胜，故刻石作为孟贲等像以祭之，镦乃可移动。”《三辅黄图》指明是建渭桥之事。据此可知当时建筑渭水桥使用过大铁椎来打桩，其桩基必然十分坚固。

《唐六典》说，天下“木柱之梁三，皆渭水，便桥（西渭桥）、中渭桥、东渭桥”。唐宋以后，渭水三桥虽然毁废了，但它们陈迹犹在，新的考古资料进一步使它们更清晰地显露旧貌于世人面前。

资格最老的中渭桥，其宋代桥墩的遗迹已被发现。东渭桥的唐代建筑遗址也于1967年被发现，出土有唐玄宗开元九年（721年）大修此桥的碑记一座，石碑为六面柱形，详载修桥经过，另有铁、石、木桩等多种遗物出土。据史书记载，玄宗天宝十五年（756年）安禄山叛军攻入潼关，玄宗闻风出逃，刚过西渭桥，奸相杨国忠便下令焚桥，玄宗说：“士庶各避贼求生，奈何绝其路！”留下宦官高力士率人灭火，自己继续逃奔。高力士究竟是否完成灭火救桥任务，不得而知，但直到唐朝末年西渭桥才被废弃。此后或用浮桥，或用舟渡，或夏秋舟渡，而冬春则建临时性桥。西渭桥和灞桥一样，也是古代长安人送客惜别的名所，王维《渭城曲》云：“渭城朝雨浥轻尘，客舍青青柳色新。劝君更尽一杯酒，西出阳关无故人。”至今读之，犹令人发思古之幽情。

三 赵州桥

河北等地流传至今的一首古老民谣说："沧州狮子、景州塔，赵州石桥、正定府大菩萨。"民谣称颂的河北四大古迹，都有千岁以上高寿，赵州桥名列其中。其实在中国，赵州桥的知名度完全可与万里长城、紫禁城皇宫等最著名的古代建筑相媲美，简直达到了家喻户晓的程度。就是在世界上，赵州桥也大享盛名，英国科学技术史专家李约瑟教授在其著作中曾对赵州桥的科学价值和技术水平给予极高的评价。

赵州桥为什么如此有名？简单说来就是：该桥精巧的设计构思使其成为世界桥梁史上一项极其伟大的成就，其"敞肩拱"桥型更是世界桥梁史上的首创。通读本篇，便可了然。

李春修造赵州桥

赵州石桥是什么人修？
玉石栏杆是什么人留？
什么人骑驴桥上走？
什么人推车轧了一道沟？

赵州石桥是鲁班爷爷修，
玉石栏杆是圣人留，
张果老骑驴桥上走，
柴王爷推车轧了一道沟。

这是民间传统歌舞剧《小放牛》中的两段唱词。早在元朝初年，关于赵州桥就有一则十分美妙的神话传说被记载下来（详见后文），《小放牛》据此传说编了歌词，流传极广。歌词说赵州桥是鲁班修造的，这当然只是神话假托之辞。鲁班是中国古代极有名的建筑工匠，公输氏，名般，春秋时代鲁国人，“般”与“班”同音，故又称鲁班。他比孔子出生晚，而与思想家墨子同时，从前建筑工匠都尊奉他为“祖师”。赵州桥是隋代建筑，与鲁班无关。那么，赵州桥到底是谁修造的呢？

古代统治者一般都轻视劳动人民，役其力、用其智，借其成大事而不肯赏其功、传其名，此类情况比比皆是，遂使许多发明创造、工程建设的主要贡献者湮没无闻，欲传无主；甚至有人张冠李戴，掠人之功以为己有。关于赵州桥的主要建造人问题，幸有唐朝开元时期宰相张嘉贞所写的一篇《赵郡南石桥铭》（即《赵州大石桥铭》）（如图 2–3），才有明确无误的答案。

图 2–3 《赵州大石桥铭》残碑

《赵郡南石桥铭》的序文开头便说：“赵郡洨河石桥，隋匠李春之迹也。制造奇特，人不知其所以为。”由此可知赵州桥是隋朝工匠李春主持修造的。遗憾的是，在“隋匠李春”四字之外，涉及李春生平等方面的文字记述便难

以寻觅了。

图 2-4 河北赵县的赵州桥

据考察，李春可能是今河北省隆尧县人。另有一位参加赵州桥修建工程的工匠叫李通，是隋代“唐山石工”。唐山亦名尧山，在唐县（今河北省唐县西）东北。当然，像赵州桥这样的杰作必是众多能工巧匠共同参与建造的。

赵州桥又名安济桥、大石桥，位于今河北赵县城南 2.5 千米处，横跨洨河之上（如图 2-4）。赵县古称平棘县，唐以后长期为赵州治所，故有“赵州桥”之名。该桥建成于隋炀帝大业元年（605 年），工期约 10 年。隋代赵郡（赵州）是北通涿郡、南达洛阳的冲要之地，滏阳河支流洨河自郡西北向东南斜贯而下，水陆运输繁忙，亟须在河上架桥。当时隋朝统一南北、结束长期分裂局面已经多年，处于发展时期，国力日渐雄厚，沟通南北的大运河主要河段通济渠等在大业元年已着手开凿。同时，我国拱桥和其他桥梁的建筑技术、建筑经验到隋代已经有了丰富的积累，出现李春这样的桥梁建筑巧匠和赵州桥这样的桥梁建筑精品，实非偶然。

奇巧固护　甲于天下

赵州桥是一座敞肩式单孔圆弧弓形石拱桥。全桥总长 64.40 米，桥面宽约 10 米，由 28 道独立石拱纵向并列砌筑，每拱各用石约 40 块，每块石长约 1 米、宽 0.25~0. 40 米、厚为 1.03 米，重约 1 吨。敞肩式（即空腹式）单孔净跨 37. 02 米，拱矢高 7.23 米，矢高与拱跨相比还不到 1 ：5，属于坦拱，跨度大而弧形平。在大拱的双肩之上，各有两个小拱，对称踞伏，靠桥堍的两个较大（平均净跨近 4 米），内侧的两个较小（平均净跨近 3 米）。

赵州桥桥面平直，中间走车，两侧行人。桥侧栏板 42 块，板上有龙兽之状的浮雕，形象逼真，跌宕多姿。望柱共 44 根，大都形似竹节，中间几根望柱的顶上有狮首雕塑，精致秀丽。另在仰天石（帽石）和龙门石（锁口石）上面分别装饰着莲花、龙头，全都栩栩如生。张嘉贞在《赵郡南石桥铭》的序文中描绘其优美生动的艺术形象说："其栏槛楹柱，锤斫龙兽之状，蟠绕拿踞，睢盱翕欻，若飞若动，又足畏乎！"

赵州桥整体显得十分稳重而又轻盈，雄伟而又秀逸，远望如"初月出云，长虹饮涧"，而且"奇巧固护，甲于天下"，堪称艺术性与科学性高度统一的精品。它自诞生迄今已有 1400 多年，历经大小王朝十几个，饱受人践马踏车压，承受风吹雨打水袭，又遭受震灾兵祸，却依然故我，傲岸屹立，成为中国乃至世界上现存最为古老的一座敞肩石拱桥。像这样的石拱桥，欧洲直到 19 世纪中叶才问世，比中国要晚 1200 余年。而且赵州桥也是石拱桥最大跨度的世界纪录长期保持者，直到 1339 年法国建成净跨 45.50 米的拱桥之时，这个纪录才被打破，保持了 730 余年。但赵州桥的宽度仍为第一，是法国那座拱桥的 2 倍多。还有石拱桥的另一技术指标——矢跨比，赵州桥也保持了近千年的世界纪录，直到 1567 年意大利佛罗伦萨圣三一桥问世为止。所以桥梁史上能与赵州桥相比的敞肩石拱桥是没有的，英国著名科技史专家李约瑟教授明确指出，李春显然建成了一个学派和风格，并延续了数世纪之久。他认为"弓形拱是从中国传到欧洲去的发明之一”，“李春所建造的敞肩拱桥，是许多钢筋混凝土桥的祖先”。这些话可以说是实事求是的不刊之论，并非溢美之词。

赵州桥在造型构思和施工技术上确有前无古人、后启来者的绝妙奇特之处。其主要表现有以下几点：

第一，桥台短小轻巧，桥基浅，拱脚低，施工简便，但桥台的坚固耐久却出人意料。桥台是保证一座桥的坚固稳定性和耐久性的根本条件，一般都用加筑长后座和深打桥桩等方法来减少桥台的水平移动与垂直移动，费工费力甚多。而赵州桥的桥台仅用5层料石砌成，厚仅1.549米，长约5米，台宽约10米，直接置于天然土层上，巧妙地利用了天然地基；桥台两侧设有防止水流冲刷、保护桥基的金刚墙。一座硕大的石拱桥，所用桥台如此短小轻巧，并且又建筑在勉强可以承载桥身自重的天然地基之上，竟能千年不坠，经受种种考验，这在世界古代桥梁史上实在是一个奇迹。

第二，桥拱圆弧甚扁，跨度大，桥面低，既有效地降低了桥的坡度，减轻了桥的自重压力，又有利于水流畅通和船只的通行。在20世纪50年代以前，赵州桥一直是全国最大跨径的石拱桥。建造跨径特别大的单跨石拱桥，如果沿用半圆形拱就会将桥高抬高到20米以上，造成桥高坡陡、难以行车之弊，同时也将成倍增加桥身自重，使天然地基无法承受其压力。而用圆弧拱，就使降坡减重这个棘手难题迎刃而解了。赵州桥不仅创用圆弧形拱，而且其弧甚扁，这样就能在不加高桥面的前提下增大桥的跨度。弧形越扁，拱对两端桥基的推力就越大，但由于赵州桥的台基建造得非常科学，故无坍塌之虞。

第三，拱券采用纵向并列砌筑法，简便安全，省工省料，也便于修复；同时又采取拱顶拱券稍窄于拱脚拱券、拱石各面凿有细密斜纹，在拱背各拱石中间安放腰铁、在主拱跨中拱背上安放铁拉杆、在两侧护拱石间放置钩石等措施，使化整为零砌筑的28道独立拱券又神奇地合零为整，加强了横向联系，紧密结合，浑然一体。

图 2-5 赵州桥的敞肩拱

第四，首创敞肩拱，在主拱两肩各置两小拱（如图 2–5），小拱亦为 28 道纵向并列拱券紧密结合而成。敞肩拱的优越性，首先是便于泄洪，大大减轻了洪水对桥的冲击力，充分发挥圆弧拱桥低桥面、大跨度的优势，有如张嘉贞铭文所说“蹙两涯，嵌四穴，盖以杀怒水之荡突，虽怀山而固护焉”；其次是能够减轻桥身自重对主拱和桥基的压力，并且能比实肩拱桥节省大量建筑材料；再其次，敞肩拱大大增强桥梁的造型美，大小拱构成一幅完整的图画，秀丽可爱。

第五，以现代力学的弹形拱理论进行计算验核，发现由于赵州桥在拱肩上挖了 4 个小拱以及采用 16~30 厘米厚的拱顶薄填石，遂使拱轴线（一般就是拱券的中心线）和恒载压力线非常接近，使拱的各横截面上均受压力或受拉力极小，大大提高了拱券的承载能力和稳定性。正是由于上述奇特的桥型设计和施工技艺，才使赵州桥坚如磐石，美轮美奂，光照千古。张嘉贞说赵州桥“制造奇特，人不知其所以为……吁，可怪也！”尽管当今科学昌明，远非隋唐时代所能比，但关于赵州桥的奥秘仍有许多问题尚未得到令人满意的解答，需要专家学者继续研究。

科学藏在神话中

对赵州桥这一人间奇迹，我们的祖先早已有所认识，唐人说它是“天下之雄胜”，宋人赞誉造桥巧匠李春等人是“神丁”，元人称它“极坚固”，“古今无第二手”，赞颂之声，历代不绝，甚至编造出神话，到处传播。很早就已流传开来的一则神话传说颇有意趣：巧匠鲁班见来往行人被洨河挡住，决心造一座大石桥以利通行。精诚所至，感动天帝，天帝即派神童暗中相助。神童乘夜赶羊群到工地，群羊都化为造桥所需要的各种石料。鲁班醒来一看，非常高兴，立刻率众挑灯夜战，到天亮时便造成了这座大石桥。此事惊动了八仙之一的张果老，他便骑着毛驴，会同周世宗柴荣和宋太祖赵匡胤，前去察看。张果老等笑问鲁班：“你这桥能经得住我们走一趟吗？”鲁班反问道：“这么坚固的石桥，怎么会经受不住？”于是张果老就骑着毛驴，驴背上挂着一个褡裢，宋太祖和周世宗一前一后拉着推着一辆小车，说说笑笑上了桥。

人们哪里料到那个褡裢里装着日月星辰，那辆小车中装着三山五岳！大桥负载过重，被压得摇摇晃晃。鲁班见势不好，慌忙跳入水中，双手托住了大石桥。这么一来，桥面就留下了驴蹄印和车压的一道沟，鲁班用力托桥的手印也留在桥东侧的拱券上。柴荣推车过猛，跌了一跤，单腿着地，在桥面上留下了一个膝盖印；张果老的斗笠掉在桥上，砸了一个圆坑。

巧匠鲁班同神仙帝王斗法，取得了胜利，赵州桥得以安然无恙，挺立至今。这个故事热情歌颂了造桥工匠善良真诚、聪明智慧和坚强勇敢的可贵品格，高度赞美了赵州桥坚如磐石、震古烁今的工艺技术。现代专家经反复勘察研究，认为故事虽属神话，而其中涉及的种种“仙迹”却非常符合力学原理：用纵向并列法砌筑的石拱桥，最怕重车靠桥边行驶碾压，而驴蹄印、膝印、车道沟等“仙迹”恰恰都留在靠东侧 1/3 的桥面宽度内。明朝人记载，“仙迹”乃是行车外缘的东侧，正是受力大的地方，要加强撑托。手印这一“仙迹”启示人们，一旦石桥出现裂痕，可在手印处用木柱支撑，以便从容修理。由此可见，留存在赵州桥上的种种“仙迹”都是有其来由的。

赵州桥得以完好地保存至今，除了它自身具备良好素质以外，也与历代人民精心爱惜、着力保护和及时维修密切相关。20 世纪 50 年代，在保存原状和不改变外形的原则下，又对赵州桥认真修缮。随后，赵州桥又被列为第一批全国重点文物保护单位。国家文物管理部门早些年已经宣布赵州桥光荣退役，不允许车辆通行，只作为文物古迹迎候中外游客的光临游览。

四 北方地区其他著名古桥

1. 邯郸学步桥

《庄子·秋水》篇说，燕国寿陵的一个男子听说赵国都城邯郸的人走路姿势很优美，就跑去跟着人家学。结果，他不但没有学会人家的走法，而且连自己原先的走法也忘掉了，只好爬着回去。后来便用成语“邯郸学步”（也作“学步邯郸”）来比喻模仿他人不成，反而丧失了自己原来已会的东西。这个故事很短小，寓意却很深刻，并且大增邯郸名声，李白诗中就有“寿陵失本步，笑煞邯郸人”之句。据文献记载，邯郸人据此典故在邯郸城内沁河上建了一座木桥，名为“学步桥”。到了明神宗万历四十五年（1617 年）才改建为石拱桥。

图 2-6 邯郸学步桥

学步桥为联拱式三孔石桥，南北向，在4个桥墩之上各有一个小拱，桥型别致新颖（如图2–6）。全桥长32米，宽8.3米，通高7.8米。大孔跨径为6.2米。桥面两侧有护栏，栏板长1.7米，高0.8米，上有人物、走兽浮雕。栏板浮雕人物，这在古桥装饰中是比较少见的。栏板间有望柱18对，柱头雕刻狮子，形态各异，制作精巧，具有很高的观赏价值。

该桥经数百年风雨剥蚀，原貌已有较大损毁。1987年，邯郸市政府特拨款30万元，重新修建此桥，使其恢复原貌，并在桥北端立起一块石碑，上刻“学步桥”三个大字；又建一个“邯郸学步”石雕，惟妙惟肖，栩栩如生。中外游客在此石雕前无不立足细观，深思两千余年前哲学家庄子留下的古训。

2. 沧县杜林桥

河北沧县杜林桥，又名登瀛桥，位于杜林村，东西横跨于滹沱河故道上。这是一座三孔圆拱石桥，始建于明神宗万历二十二年（1594年），熹宗天启五年（1625年）重建。

桥由料石砌筑，两桥墩较厚，墩上叠有小拱。全长66米，宽7米，高9米。桥的两侧有石栏，栏板内外有人像及禽兽浮雕，望柱柱头雕刻麒麟、猴等。

所有雕饰物均形态生动，刻工细腻。桥端有一座石碑和一对石狮。该桥历经400余年，迄今仍十分坚实稳固，在桥梁建筑技术和雕刻艺术方面，都有一定的价值。

杜林桥东距沧县和沧州市城区甚近。沧州一带东临渤海，河道纵横，自古即为主要产盐区，著名的“长芦盐”即产于此；沧县旧州城内有中国现存早期最大的铁铸艺术珍品——沧州铁狮子；沧州市还有中国沿海地区清真大寺之一——始建于明初的清真北大寺。明清以来，贩运长芦盐、观赏铁狮子和朝拜清真寺者成群结队，往来于杜林桥上。

3. 赵县永通桥

永通桥位于河北省赵县县城西门外，横跨于冶河上（如图 2–7）。据《畿辅通志》记载，金章宗明昌年间，赵人裒钱建造此桥，与卢沟桥问世时间相先后。该桥与县城南的安济桥（大石桥）在艺术风格和结构形式上相似而规模则小于安济桥，故又有小石桥之称。永通桥亦为单跨敞肩拱，以一孔石桥横跨清水河，跨度为 26 米。全桥东西长 32 米，南北宽 6.34 米，弧矢约 5.2 米，桥面弧度很小，接近于水平。桥由 20 道单券排比砌筑，在大券之上伏有 4 个小券。桥上有正方形望柱 22 根，现存石栏板有两种类型：一种是两端雕斗子蜀柱，中间以驼峰托斗，华板通长无格，上有优美浮雕；另一种是荷叶墩代斗子蜀柱，华板分为两格。各小券的撞券石上都有河神浮雕，而北面东端小券墩上则雕有飞马，西端券面雕有游鱼。所

图 2–7　赵县永通桥

有装饰雕刻都很考究，形象生动。

民间传说鲁班修建赵州大石桥时，其妹鲁姜则修建小石桥，兄妹二人争胜，限定一夜竣工。鲁姜技艺比不上鲁班，所造小桥处处仿照大桥。而当天色将曙之时，小桥仍未竣工，幸亏有天神恰巧过境，暗中相助，结果妹竟胜兄，并且小桥有些地方比大桥更为精美。这则神话故事实际上是说永通桥是学习仿照安济桥建造的，而在某些方面还有所改进提高。赵州桥近在咫尺，又名冠天下，后人仰慕而仿效之是很自然的。由此更可看出赵州桥的深远影响。历代文人学士吟咏赞叹永通桥的诗文题刻很多，其中宋人杜德源诗尤为有名：“并架南桥具体微，石材工迹世传稀。洞开月夜轮初转，蛰启春龙势欲飞。”“南桥”指赵县城南的安济桥，“具体微”是说永通桥已具备了安济桥的结构形式和艺术风格，只是规模较小罢了。

4. 安国伍仁桥

伍仁桥在河北省石家庄市东北安国市城南处的伍仁桥村，南北横跨磁河，建成于明神宗万历二十七年（1599年），为五孔券石桥。全桥长 65 米，宽 6.7 米。五孔孔径跨度以中孔为最大，长 10 米，中孔左右相邻二孔为 9 米，两端孔为 8 米。桥面两侧望柱上雕有石狮，桥头有石象和盘龙柱。桥下中间一孔的顶部有大理石（即“贵妃石”）一块，上刻“大明万历岁次庚子秋季月立，郑贵妃敕赐修建伍仁桥”等文字。郑贵妃是明神宗所封皇

贵妃，伍仁桥由她敕建，故又名贵妃桥。

5. 晋城景德桥

景德桥位于山西省晋城市西门外，横跨沁水河，俗称西大桥。因其西通沁水、阳城一带，故一度称沁阳桥。该桥创建于金世宗大定二十九年（1189年），完成于金章宗明昌二年（1191年），与卢沟桥、永通桥几乎同时诞生。清高宗乾隆四十八年（1783年）改名为景德桥。

景德桥长33米，以25道立券石并排砌筑，券高3.7米，跨度16米，券宽6米，两端各负一小拱。小拱的作用如赵州桥肩拱一样，能分减洪水的冲击面，减轻大拱券和地脚的载重，并增加全桥的美感。桥面两侧有栏板、望柱，其石雕兽面、海马、行龙、海水等花纹图案及券门上的石雕螭首等都十分精巧。

6. 泗水卞桥

卞桥在山东省泗水县县城东25千米处泉林镇卞桥镇之东，横跨泗水上游支流上。其东500米左右就是有名的“泉林”胜地。泉林为一星罗棋布的大型泉群，相传孔子游览时曾有“逝者如斯夫，不舍昼夜”的慨叹，清朝乾隆皇帝也曾多次驻跸此地，修有行宫、游亭、石船浮槎及御桥、文桥、武桥等，并留下许多题咏碑刻。卞桥是一座单券三孔石拱桥，桥下中孔拱券石上有重修题记云：“卞桥镇重修石桥，自大定二十一年八月一日起工，至二十二年四月八日。谨记。”可知此桥在金世宗大定二十一年（1181年）以前就已存在，为山东境内现存最早的古桥。卞桥村一带在春秋战国时期有城名曰卞邑，西汉时置卞县，至北魏废置，而在金代有以“卞桥”为名的镇。由此推测卞桥诞生的时间一定相当早，它可能是一座全国罕见的晚唐建筑。

卞桥东西长24米，宽6米，东、西引桥各35米，桥头各有2尊石狮，相向蹲踞。全桥13块栏板和14根望柱上装饰的艺术品有滚龙猛虎、金刚力士、花卉翎毛、山水风景等浮雕，还有“金大定二十一”等多种刻字。券孔上顶各有透雕龙首向南北两面探出，龙首深目高鼻，旋毛飘然于耳后。有口含宝珠者，有吞食游鱼者，神态各异，活灵活现。在桥的拱脚处则有莲花托石。所有雕刻物都称得上优美的艺术品，刻工精细，耐人品味。

卞桥景致优美。桥下清水长流，两岸杨柳依依，每当中秋之夜，皓月当空，桥印双影，景色动人。其东泉林胜境，名闻四方；再往东则有泗水发源地蒙山，主峰龟蒙顶更是一大名胜。卞桥所跨之泗水，在古代曾是一条大河，曲折南下，注入淮水，并通运河，长达一千数百里，白居易《长相思》词云：“汴水流，泗水流，流到瓜洲古渡头。吴山点点愁。”其中所说“泗水”，即源自蒙山，上游西流经过卞桥、泗水城、曲阜、兖州，而卞桥西通曲阜，在“文教圣地”范围之内。

7. 青岛前海栈桥

在桥梁家族中，栈桥是一个姗姗来迟的成员，但其贡献却很大。有的作为码头、车站、货场等处装卸煤炭、沙石一类散货的建筑设施，有的作为工矿企业中支托运输带的建筑物，有的挺立于大小港口、连接着浮码头和岸边，形体大都平直如矢，虽名曰桥，作用却不同于人畜车辆跨水越谷、往来通行的一般桥梁。其中突伸入海、凌水而卧的港口栈桥，除连接浮码头和岸边以供装卸货物之用外，往往又成为人们观海览胜之所。山东省青岛市前海栈桥便是在这方面名闻遐迩的胜地。

前海栈桥位于青岛市南青岛湾中，与市内最繁华的中山路成一直线，由美丽的海岸边向前直冲入海（如图 2-8）。初建于清朝光绪十八年（1892 年），迄今已逾百年，1931 年曾予增修。全桥长达 440 米，宽 10 米。其北段近岸处筑砌石基，而深入海中部分则为钢架，全部用水泥铺面。栈桥两侧有铁栏或铁链防护，桥南端筑有半圆形防波堤，并建有民族传统形式的八角亭，名为回澜阁，上下两层，中有螺旋楼梯。游人登阁远眺，只见海天一色，波澜起伏，小大岛屿出没水中。“青岛十景”中的第一景“飞阁回澜”就位于这里。青岛湾中的另一名胜——小青岛（又名琴岛），与前海栈桥隔海相望，岛上山岩耸秀，林木常青，“青岛”之名实始于此，有“青岛十景”之一的“琴屿飘灯”美景。前海栈桥之北端海岸上辟有栈桥公园，园内碧草如茵，藤萝蟠结，花廊凉亭里游人憩息聊天，各得其乐。

前海栈桥诞生以后，为美丽如画的青岛又增几分韵致，成为中外旅游者游青岛必到之地。艺术家们在青岛写生摄影时，也常以前海栈桥和小青岛作为青岛市的标志，而游客们也多在前海栈桥上拍照留念。

图 2-8　青岛前海栈桥

8. 漯河小商桥

读过历史小说《说岳全传》的人大概都还记得："金刀老令公"杨业后代杨再兴因痛恨宋高宗信任奸邪、不听忠言、苟且偷安，遂落草为王，后被岳飞收服，成为岳家军猛将，屡立战功。后在奉命追击金兀术、前往朱仙镇途中，误走小商河，陷入河中，被金兵乱箭射得全身如柴篷一般，壮烈牺牲。《宋史·杨再兴传》记载："（岳）飞败金人于郾城，兀术怒，合龙虎大王、盖天大王及韩常兵逼之。飞遣子（岳）云当敌，鏖战数十合，敌不支。再兴以单骑入其军，擒兀术不获，手杀数百人而还。兀术愤甚，并力复来，顿兵十二万于临颍。再兴以三百骑遇敌于小商桥，骤与之战，杀二千余人，及万户撒八孛堇、千户百人。再兴战死，后获其尸，焚之，得箭镞二升。"

图 2-9　漯河小商桥

八百余年前的这场惨烈悲壮的小商桥激战，使天地为之变色，鬼神为之感泣，也使小商桥名扬四海，盛传后世。

小商桥位于河南中部漯河市以南的临颍、郾城两地间，跨颍河上，系三孔红石拱桥（如图 2-9）。其结构与著名的河北安济桥（赵州桥）相同，而其建筑年代则比安济桥还要早一些，它建于隋文帝开皇四年（584 年）。只是其规模比不上安济桥，所以不那么出名。小商桥长 21 米，宽 7 米，中间为大孔，两边为小孔，主孔与小孔连接处各有一龙头伸出。中间主孔浮雕天马、狮子、龙、虎以及莲花等图案，造型优美；主孔桥基上浮雕金刚力士共 4 个，

形象也很生动。桥东有杨再兴墓。

9. 安阳永和桥

永和桥位于河南省安阳市永和镇西隅，横跨洹河。其西安阳市西北约 2 千米处就是著名的殷墟，中心在小屯村，亦包括小屯村北的洹河两岸地区。永和桥的历史虽然没有殷墟那么悠久，但也有千年左右。它始建于隋，原名永定桥。宋代改永定县为永和县，桥名也改为永和。明孝宗弘治六年（1493 年）重修此桥。2019 年，安阳永和桥入选第八批全国重点文物保护单位名单，并进行维修和保护。

永和桥是一座三孔石拱桥，全长 39.5 米，宽 6.8 米，桥面弧长 31.5 米，现高 8 米。全桥以青石构筑，造型庄重，雄浑古朴。拱桥曲线缓和，以肩形石砌成。中间大拱宽 7 米，两侧桥墩上镌刻着高浮雕龙头，龙的双爪各攥一颗火焰宝珠，作镇守洹河之势。两头拱宽约为 4.5 米，分别雕刻卷叶、蔓草、盘龙、卧虎等图形。石刻刀工粗犷，线条苍劲有力。桥面两侧栏板长 2 米，宽 1.3 米，厚 0.2 米，以望柱 28 根相衔接。望柱顶端有蹲狮和仙桃石雕。两端由抱鼓石摆成八字形。

10. 沈阳永安桥

永安石桥位于辽宁省沈阳市于洪区马三家街道永安村，横跨蒲河，又名大石桥（如图 2–10）。始建于明思宗崇祯十四年（1641

图 2–10　沈阳永安桥

年），主要建造者为石匠任朝贵。此桥是辽宁省现存规模颇大而造型又很完美的古代拱桥。

永安桥桥身长 37 米，宽达 14.5 米；大拱 3 个。桥面两侧分立石雕栏杆 19 根，栏板上浮雕柿蒂形花纹，栏端柱筑圆鼓，鼓面雕刻兽虫花木图案，各成其趣。望柱上有圆雕石狮。桥两端各有石狮一对，或半蹲，或半坐，或脚踏绣球，或爪抚幼狮，形象生动，雕工精巧，造型美观。中拱雕二龙戏珠，桥身南侧有一对龙尾，北侧则有二龙探首，宛如双龙托桥之象。东首南面立有“宽温仁圣皇帝敕建永安桥”石碑一块，背面刻有“催工”“督工”官员姓名和“石匠任朝贵”字样。

永安桥是清入关前西达山海关的交通要冲。1625 年，后金将都城迁到沈阳后，特别是 1636 年清太宗皇太极称帝，改国号为清以后，连年对明用兵，加强都城周围交通尤其是沈阳西通往山海关方向的交通，已是势所必然，于是乃有永安大石桥的建造。后人咏赞永安桥的诗文很多，其中清代常纪的《晓过大石桥》一诗云：“夕行落圆照，晓行晨星多。霜华积野草，秋水增寒波。驾言度石桥，石桥何峨峨。愧非马相如，今日复来过。”

11. 凌源天盛号石桥

天盛号石桥位于辽宁省西部凌源市南 45 千米处的天盛号村东，跨渗津河上，是一座五柱头四栏板单孔石拱桥。

此桥建于金世宗大定十年（1170 年），规模不大，桥身通长 5 米，宽 4.7 米，路面宽 3.4 米，跨度为 4 米。桥的上拱呈半圆形，下拱则呈半椭圆形。桥面用 90 余块扇形石材砌成，以白灰灌缝，用束腰形铁链固定。桥拱两面券脸有浮雕莲花，桥拱中间嵌有建桥石记。这种上、下拱单孔石桥的形式是很少见的，而且又保存得十分完好，所以尽管天盛号石桥是一座“微型”桥，但在中国桥梁建筑史上却具有重要的价值。

该桥于 1977 年农田建设时被发现，1979 年进行发掘，次年修复。有桥志石刻曰：“维大定十年岁次庚寅……刘百通亲笔记。非百通独力而成，赖二刘同心而建。二刘者，刘五、刘海。”

12. 宁安大石桥

位于黑龙江省东南部的宁安市，是一块土肥水美、物产丰饶的人间宝地。老爷岭、张广才岭屏卫东西，牡丹江滋润南北，镜泊湖风景如画。这里是东北古族靺鞨——女真（后称满洲）的发祥地，留存古迹甚多，如唐代靺鞨渤海国都上京龙泉府故址东京城、明清之际满族宁古塔城遗址（旧城即今宁安市西海林河南岸旧街镇，新城即今宁安市）等，大石桥也是该市重要名胜古迹之一。

大石桥位于宁安市西鸡陵山下，横跨大沟壑上。桥之东有泼雪泉，泉水流入沟壑，经此大石桥而南注入牡丹江。该桥始建于后金天聪八年（1634 年），原系版筑，后改石筑，为单曲拱大桥。桥全长 25 米，宽 4.5 米，高 7.3 米。桥面铺石，两侧设石栏杆，上面雕刻石桃。栏间嵌有石板，石板刻有草叶纹和云卷纹装饰图案。它是黑龙江省现存的唯一一座清代石拱桥，格外受到爱惜，地方政府曾进行过维修。

在清朝初年，宁古塔城是设置于盛京（沈阳）以北管辖黑龙江、乌苏里江广大地区的军事、政治和经济中心，而宁安大石桥正处在黑龙江、乌苏里江地区通向吉林、辽宁的交通要道上，地位十分重要。

13. 三原龙桥

三原县在陕西省咸阳市泾河下游，有南北二城。二城之间的清水河之上，横跨着一座多孔式石拱大桥——龙桥。桥长达 110 米，宽 11 米，高 26 米。桥身全部使用石条铁钳构成，桥面铺青石板，两侧设石雕栏杆。这座又长又宽又高的大石拱桥造型宏伟美观，而且各拱之结构也很符合力学原理，是中国北方现存著名古代大桥之一。《三原县志》中有“水从碧玉环中过，人从苍龙背上行”的名句，形象贴切地描绘出这座高大古桥的风貌和气势，所以桥名就叫作“龙桥”。

龙桥建于明神宗万历十九年至三十一年（1591—1603 年）。桥面和桥基左右堤岸曾于清世祖顺治十三年（1656 年）、清高宗

乾隆二十年（1755 年）和清文宗咸丰元年（1851 年）先后进行过三次修补，修补间隔期约为百年，但桥身却一直坚固如初，未经修护。龙桥在明朝万历四十四年（1616 年）和 1953 年两次大洪水中经受住严峻的考验，桥身未曾受到任何影响。这为我国桥梁建筑学提供了宝贵的实物资料。龙桥所在地三原县城中还有“殚土木之功，穷造型之巧”的明代城隍庙建筑群，桥东 25 千米处塬上又有唐高祖李渊的献陵以及初唐功臣贵戚陪葬墓冢群落（多达数十座），与龙桥一样都是规模宏大、气象不凡的名胜古迹。

14. 文县阴平桥

甘肃省东南部的文县，地处嘉陵江上游支流白水江流域，南面紧邻四川省，东距著名的阳平关（在陕西省宁强县西北）亦不甚远。文县盛产大黄、人参和党参等名贵药材，还有熊猫、金丝猴等珍稀动物。我国著名的伸臂木梁桥的代表——阴平桥，就坐落在文县东南的白水江上。

关于阴平桥，古书中广有记载。《三国志》所述蜀魏战争史实中曾屡屡提到阴平桥，如《魏志·邓艾传》载，曹魏景元四年（263 年），魏将邓艾遣金城太守杨欣等追击蜀将姜维，“闻雍州已塞道屯桥头”；姜维军“从桥头过”，还守剑阁（剑门关）；后来邓艾乃率军“自阴平道行无人之地七百余里，凿山通道，造作桥阁”，最后攻入江油、绵竹、雒县，迫降刘禅，灭亡蜀汉。此中所说“桥头”，即指阴平桥桥头。《蜀志·姜维传》载，蜀后主景耀六年（263 年），蜀汉将军姜维向后主上表曰：“闻钟会治兵关中，欲规进取，宜并遣张翼、廖化督诸军分护阳安关口、阴平桥头，以防未然。”阳安关即阳平关（宋以后改称）。晋人常璩所撰《华阳国志》和宋人陆游所撰《老学庵笔记》等书也都提及阴平桥。

古阴平桥究竟是什么样的结构，不得而知。如果它是一座伸臂木梁桥，要从三国邓艾偷渡阴平时保存至今是不可能的。因为一座木桥不可能存留 1700 年以上。但从历代史料记载中，我们可以知道阴平桥古已有之，而且早在汉魏以前即已问世。清圣祖康熙年间《重修阴平桥碑记》载："古有阴平桥者，盖始有阴平之日也。秦梁汉柱，不知几历废兴于兹矣。"若据此说，则阴平桥的历史更为久远。明代《一统志》说："阴平桥畔，白水急流，中有苍石二道，势若盘龙，石背竖柱成桥，阔三丈，长二十余丈。"到清代康熙年间，要重修阴平桥，"于是采深林之木，发江干之石，椋柟欂栌，各因其材……架鲸脊，倚鳌背，服灵龟以作砥，亘螭龙以成梁。跨巨岸之汹涛，横绝壁之峭岩。星文虹影，凭险凌虚，迳过百十余步，车马骈驰，行旅交错。画栋彩栏，复道蔽空，依稀咸阳联厦，仿佛西丰飞阁"（《重修阴平桥碑记》）。据此可知当时重修的阴平桥，是一座有桥屋的复道式石墩木梁桥，气势宏伟，建筑壮丽。

现在所见的阴平桥，是清朝末年重修的。它是一座伸臂木梁桥，桥下无柱，桥两端各有多达10层的木臂，层层向河心挑出，互相靠拢，中间以简支木梁搭接而成。伸臂的仰角很大，而其悬孔即所谓斗头则相距很远，伸臂又起到了八字撑架的作用，如同云南八字撑架木桥。阴平桥与一般的伸臂木梁桥相比，还有一点显得很特别，即一般的伸臂木梁桥伸臂之上就是桥面，而阴平桥的桥面则是连续的，两端桥面通过撑木支承于伸臂。这和近代斜腿刚构不同，也同近代斜腿和梁为固结、斜腿下端为铰接者不同。阴平桥的特殊结构对现代桥梁结构有借鉴价值。

15. 渭源灞陵桥

在中国著名古桥中，名为"灞陵桥"者就有三座。第一座是河南省许昌市西石梁河上的灞陵桥，该桥距城4千米，相传为东汉末年关羽辞别曹操时以刀挑取曹操所赠锦袍处，桥旁石碑上有明将左良玉所书"汉寿亭侯挑袍处"七个大字。桥上镶有碑碣两方，一方为线刻挑袍图，栩栩如生，相传是唐代大画家吴道子所画；另一方是清代书法家滕之湖楷书的辞曹书。第二座灞陵桥坐落在贵州关岭布依族苗族自治县县城东5千米的灞陵河上。此桥建于明末，长30米，宽6米，中空四洞，两头有高达10余米的古黄槲树各一株，

桥左又有百余米高的飞瀑（为黄果树大瀑布的两倍），极其壮美。第三座灞陵桥在甘肃省渭源县。甘肃省渭源县县城南门外百米处的灞陵桥，横跨清源河。渭源县西南部的鸟鼠山是渭河发源地，即古书《禹贡》所称“鸟鼠同穴之山”，距渭源县城甚近，灞陵桥可以说是渭河上游最主要、最著名的一座古桥。这座古桥具有浓厚的民族传统特色，结构独特，色彩绚丽，是中国古桥中的翘楚。

据文献记载，渭源灞陵桥创建于明太祖洪武年间，清穆宗同治年间统领梅开泰主持重建。明清两朝所建皆系平桥，桥台以木笼装石砌筑，不甚坚固，秋季河水暴涨时往往被冲断，造成交通困难。至 1919 年，知县马象乾主持，徐立朝督工，招聘本县巧匠何遇江、何遇海兄弟二人，重新扩建。何氏兄弟改建之灞陵桥，仿效渭源县西北兰州雷坛河卧桥式样，故此后灞陵桥又被称为卧桥。过了几年，桥身出现倾斜现象，至 1932 年又由何氏兄弟重新设计改建为纯木悬臂拱桥，1934 年 8 月告竣。

灞陵桥南北向，全长 44.5 米，高 15.4 米，跨度 29.4 米，桥面宽 6.2 米，配有栏杆扶手，供人凭栏眺望。桥底部铺有每排 10 根粗圆木，并列为 11 组，从两端桥墩逐次递级上升，飞挑凌空而卧，悬浮陡险，桥身高耸。在一根粗壮方木之间，又交替相夹同样的粗方木 9 根，从两岸同时直线伸向桥心，顶端一挑横木，相互衔接。这样，桥体便呈现半圆状，形式与北宋张择端所绘《清明上河图》中的汴京虹桥如出一辙。这种腾空而起、长虹卧波的桥型，建筑风格典雅美观，在建筑力学方面也具有很高的研究价值。

灞陵桥桥面建有廊房 13 间，每间 3 米余，对柱共 64 根，上覆灰瓦顶，有台阶通道 3 条。桥的两端建有桥头屋，飞彩挑阁式，四角斗起，脊耸欲飞，与桥面廊房相接，浑然一体。整个桥梁既精巧又壮观，确实称得上中国古桥之珍品。现代书法家于右任先生曾为灞陵桥题写过一块匾额，上书“大道之行”四字。杨虎城将军也曾为之题写桥联云：“鸟鼠溯灵源，雪浪云涛，东行汇泾渎黄河，函关紫气；陇秦资利涉，月环虹跨，西望是金城杨柳，玉塞葡萄。”

16. 庆阳土桥

甘肃东部和陕西中北部相连地区同属黄土高原，黄土广布，厚达 50~150 米。由于土质比较疏松，暴雨又很多，冲刷侵蚀强烈，植被破坏情况严重，形成了许多名为塬、梁、峁、川等特殊地形；不少地方沟壑纵横，陡崖峭壁林立。所以陇东陕北高原地带交通多不便利。黄土高原历来缺乏建桥材料，唯黄土举目皆是，取用不尽，人们便就地取材，利用黄土在沟壑修筑土坝，土坝下部修成排洪孔道，相当于高架桥，故称土桥，当地居民称之为“土岘子”。“岘”的本义是指小而高的山岭，因土桥其状如岘，所以才有“土岘子”这一俗名。

陇东地区修筑土桥，具有悠久的历史。至今仍在为现代公路所利用的土桥，有的还是早在明武宗正德年间即已修成的，已历经五百多年的风霜雨雪。陇东土桥到处可见，其中雷家岘子土桥、柳家铺土桥、北吊土桥、什子土桥等都有代表性，而北吊土桥更具有典型意义。

北吊土桥位于甘肃东北部、泾河支流马莲河流域的庆阳市庆城县城外。庆阳在古代是陇东重镇，西汉时称郁郅县，隋唐至清末民初先后易称合水县、顺化县、安化县，1914 年始改名为庆阳县。据《庆阳府志》记载，北吊土桥原名赵风桥，在庆阳府城德胜门外，黄土修筑，桥面上有石砌栏杆。原建时间无考，清高宗乾隆四十三年（1778 年）重建，知县题坊曰“北地康衢”，文宗咸丰四年（1854 年）又重建。北吊土桥原高 19 米，宽 4 米，长达 100 米。1959 年和 1964 年曾两次重修加固，使之增高为 22 米，加宽为 8 米，两边全用石料包砌，桥面也用石铺筑，并增设了水泥护桩和钢制栏杆。在古代，北吊土桥就是庆阳“府东”“府西”两条交通要道的会合地段，后来其使用价值也随着它的土石结合、“内土外石”化而大大提高。

17. 兰州黄河铁桥

兰州黄河铁桥是万里黄河上第一座近代化大铁桥，久负盛名，享誉海内外。

冶铁技术发明以后，铁就被广泛应用于各个生产领域，也成为桥梁工程的重要建筑材料。除了悬索桥中有铁链铁索外，木、石、砖和砖石混合的梁桥、拱桥等桥梁中也常常使用铁构件，有的裸露于外，有的隐匿于内。唐玄宗开元十二年（724 年），皇帝下诏

由大臣张说主持，与大匠百工谋划，冶铁结链为缆，熔铁铸牛为墩，在今山西省永济市（古称蒲坂）黄河上架造了一座赫赫有名的浮桥——蒲津桥。桥成后，张说作《蒲津桥赞》以纪咏其事。开元年间的四个大铁牛桥墩分别由一尊铁人牵制，现已发掘出土。蒲津桥大概是宋元以前用铁最多的一座桥梁，仅四个大铁牛就用铁十万余

斤，占当时唐朝一年冶铁总量的 20% 以上。至明清时代有云南霁虹桥和四川泸定桥等巨大铁索桥先后问世，铁在桥梁建设工程中派上了更大的用场。而清末诞生的兰州黄河铁桥及其他地区的铁桥、铁路桥，则可以说是掀开了中国桥梁史上大规模使用钢铁的新篇章。其中兰州黄河铁桥作为名胜之一，格外引人瞩目。

兰州黄河铁桥位于甘肃省兰州市的白塔山下，为黄河第一桥（如图 2-11）。旧名镇远桥，原为浮桥，始建于明太祖洪武年间。据清宣宗道光时所修《兰州府志》记载，黄河经皋兰城（清代皋兰县治所即今兰州市）北，距城西八十步架有浮桥，河北岸有关（指金城关），在白塔山下，用大船二十四只贯连，浮于河面，称镇远桥。《甘肃新通志》记载，该桥于二十四只巨舟之上“架以木梁，棚以板，围以栏，南北两岸铁柱四、木柱四十五，铁缆二，各长一百二十丈”。此桥冬拆春设，为北方寒冷地区船浮桥之所常见状态。在古代，兰州地区是通往河西走廊以及青海、宁夏的交通要冲，更是著名的“丝绸之路”的必经之地。西汉以后，严冬时黄河结冰，厚达数尺，车马可以通行于上，俗称冰桥。史称陕西之路可通甘

图 2-11　兰州黄河铁桥

凉（甘州、凉州地区，即今甘肃一带）者，唯兰州浮桥，故若据此桥，则河西隔绝，饷援难通。夏秋之季，河水暴涨，浮桥常被冲毁；冬春之际，冰凌冲撞，浮桥亦常遭厄运。所以，在黄河上架设永久、稳固的桥梁，是世代中华儿女的共同心愿。

《兰州古今注》记载，清德宗光绪三十三年（1907 年）镇远桥由浮桥改建为铁桥。铁桥长七十丈（约合 234 米），宽二丈二尺四寸（约合 7.5 米）；桥下设四墩，下用水泥铁柱，上用石块，靠河南岸第二墩最深，自墩底至水面为一丈七尺（约合 5. 4 米）。共用白银三十万六千余两。此桥与上海外白渡桥（1906—1907 年建造）、上海浙江路桥（1908 年建造）等均为清末由外国工程师设计、用舶来材料而由中国人施工建造起来的大城市钢桁架桥，具有一定的代表性。

兰州黄河铁桥于 1907 年 2 月开始动工，至 1909 年 6 月完成，历时两年多，承包商为德国泰来洋行。桥头碑文记述了修桥的过程，略谓：造桥之议早已有之，因洋商索价过高而作罢。后来中方与德商泰来洋行签订了合同，泰来洋行召集在华洋人六七十位，操纵建桥一切大权，建桥材料亦购自外国。材料从天津入口，经铁路运至郑州，再用大轱辘车、驮马和骆驼等运到兰州。运费等项杂用多达十四万余两，与造桥工料费十六万五千两相差无几。担任物资运输的各地人民跋山涉水，不辞辛劳，施工工人连续奋战，终于在黄河上架起了第一座大铁桥。

当时这座公路铁桥与 1905 年同样由外商承建的郑州黄河铁路桥（长 3015 米）相比，质量要好，铁桥碑文中也有“千百年如一日，而以为利于无穷也”的赞语颂辞。但该桥承载力不高，汽车载重超过 8 吨就不允许过桥。1954 年对该桥进行加固维修，修好了有裂缝的桥墩，在原先钢桁架的水平肢上加了一根弯曲形上肢，并将桥面改成钢筋混凝土板，使桥面纵横梁亦成为组合梁。于是，这座“黄河第一桥”焕然一新，不仅可使载重 20 吨的汽车畅通无阻，而且结构美观，气势愈见雄伟。

除上述诸桥外，中国北方还有一些古桥也值得重视。特别是随着近年来旅游业的蓬勃兴起，这些古桥的知名度日益增大，而且其也具有一定的实用价值、研究价值和观赏价值，所以在这里向读者略做介绍。

先从东北说起。扎兰屯吊桥，位于内蒙古自治区呼伦贝尔市下辖扎兰屯市，横跨雅鲁河支流，始建于清朝光绪三十一年（1905年）。扎兰屯地处大兴安岭东南麓、雅鲁河畔、滨洲铁路线（哈尔滨至满洲里）上，林木茂密，风景优美，是祖国北疆著名的旅游胜地。扎兰屯吊桥是一座梁式石桥，上有灯柱，桥下游艇往来，穿梭自如，令人神往。吉林揽辔桥，位于吉林省吉林市著名游览区北山，横跨北山东、西两峰间，是一座高悬半空的石拱桥，始建于清代。吉林市旧称船厂，号称“北国江城”，市内沿松花江长堤冬季有“吉林树挂（雾凇）”奇观，博物馆中藏有世界罕见的“吉林陨石雨”实物标本，还有松花湖、北山、龙潭山和全国最大的青山滑雪场等旅游景区。每年都有大批中外游客前来领略北国江城的风光，而到北山景区者都会从揽辔桥下通过，或登上桥顶，倚栏远眺，一饱眼福。抚松仙人桥，位于吉林省抚松县，为铁木结构悬索桥，长达200余米。

再说华北地区。自然地理上的华北是指长城以南，秦岭、淮河以北的黄河中下游地区。作为华夏文明的主要发祥地，这一地区历代所建桥梁甚多，留存至今的也不少，前面已说过多座。此外较重要的还有以下桥梁。献县单桥，位于河北省献县城南，跨滹沱河，始建于明朝崇祯二年（1629年），是一座形式古朴的石拱桥。其栏板、栏柱和各拱顶均雕刻精美图案，栏柱上蹲踞石狮等艺术品。当地传颂单桥有“三千狮子六百猴，七十二通蛟龙碑”。临城蛤蟆桥，位于河北省临城县北黑城乡竹壁村，为石拱桥，始建于明崇祯三年（1630年），到清康熙三十年（1691年）才建成。桥下有蛤蟆状巨石，故名蛤蟆桥。衡水安济桥，位于河北省衡水市，跨滏阳河，始建于明天顺元年（1457年），初为浮桥，嘉靖年间改建为

石拱桥，清乾隆年间重修。桥长 100 余米。井陉大石桥，位于河北省井陉县城东，跨绵蔓河（今称绵河），为石拱桥。此桥始建于清乾隆四十五年（1780 年），初为 12 孔，长 20 余丈（约合 66 米），宽 2 丈余（合 6 米余），高 6 丈（约合 20 米）。后遭两次洪水破坏，冲塌东端 6 孔。1929 年重修，改名为逸仙桥。赵县济美桥，位于河北省赵县城南洨河上赵州桥（安济桥）附近。此桥建于明代，桥上刻有"嘉靖二十八年"等字，明万历二十二年（1594 年）重建。它有两个主拱，对称伏卧，两拱之间夹一正立的葫芦形小拱，两拱外侧又各有一个小拱。这样就组成了一幅大小五拱谐和多变的画面，不仅解决了两拱对称并立不够灵动之弊，而且又使全桥平添了一种韵律美。该桥的栏杆、栏板，除夹于望柱之外，还托于枕石，更为全桥增加了情趣。另外，河北省的栾城凌空桥（建于金代）、宁晋古丁桥也都是敞肩拱桥，是受赵州桥造型风格影响的产物。

洛阳天津桥，位于河南省洛阳市老城西南，跨洛水。相传始建于隋朝大业初年，原为浮桥，唐代改为石拱桥，后倾圮。今仅存一个桥孔。又据《宋会要》记载，天津桥为北宋京西路计度都转运使宋昇于政和四年（1114 年）"依仿赵州石桥修砌"。龙泉石桥，位于河南省叶县城关东南，跨澧河，建于清乾隆年间，是一座 48 米长的石梁桥，无栏板，墩梁间有石雕兽头。兖州泗水桥，位于山东省济宁市兖州区城外东南泗水渡口，始建于明万历三十七年（1609 年），清乾隆时曾两次重修。为石拱桥，共 15 孔，每孔净跨约 11 米，墩宽约 5 米，石工坚固细致，具有北方石桥的特色。原平普济桥，位于山西省原平市，建于金泰和三年（1203 年），为单孔敞肩石拱桥。式样仿照赵州桥，大拱两肩各置小拱 2 个，内小外大。

最后说说西北甘肃地区。甘肃南北山地之间的河西走廊，自古便是东西方交通要道，但河少桥少。河西走廊以东的兰州、天水等地区则相对河多桥多，跨水越谷的各种桥梁随处可见。除前面述及的文县阴平桥、渭源灞陵桥、庆阳土桥和兰州黄河铁桥外，较重要的古桥还有以下几座。贵清山仙人桥，位于漳县城南 35 千米处，架通贵清山东、西两峰，为石梁桥，始建于明朝隆庆元年（1567 年）。该桥下临千仞断涧，望之令人毛骨悚然。云龙桥，位于兰州市东南兴隆山，跨栖云、兴龙两峰间，始建于清朝乾隆二十八年（1763 年）。云龙桥为甘肃地区多见的伸臂木梁桥，桥上有廊，廊顶覆瓦，廊柱共 16 根，桥两头接庙宇式建筑物，十分雅致（如图 2–12）。

此外，甘肃仇池山通大桥（索桥）等，也是较重要的古桥。

图 2–12　兰州云龙桥

第三章
画桥三百映江城
——苏州地区古桥

苏州市别称姑苏，因西南境有姑苏山得名。广义的苏州则常用以泛指明清苏州府全境。清代苏州府辖境，相当于今江苏省苏州市、常熟市、昆山市等地。本章所说的苏州地区，即指旧苏州府一带。

苏州地区西临中国第三大淡水湖——太湖，北临长江入海河段，湖泊众多，河网稠密。苏州自古以来就是“泽国环城，内外皆水”，以水多桥多而闻名中外。唐宋时期是苏州桥梁最盛的时代，白居易说苏州“红栏三百九十桥”，南宋时的苏州市区图《平江图》上，竟标出桥梁359座。历代文人多吟咏苏州桥梁之多，景色之美。唐代诗人杜荀鹤在《送人游吴》的诗中写道：“君到姑苏见，人家尽枕河。古宫闲地少，水巷小桥多。夜市卖菱藕，春船载绮罗。遥知未眠月，乡思在渔歌。”形象地再现了苏州的水乡风光。苏州不仅多桥，而且多名桥，除了大桥如垂虹桥、宝带桥和一些园林名桥外，还有众多的小桥，都各具特色，惹人注目。

一 苏州宝带桥

宝带桥在苏州市东南葑门外 3 千米处，位于京杭运河西侧澹台湖与京杭运河之间的玳玳河上，与运河平行，以前是苏州至杭州、嘉兴、湖州陆路必经之路，又是太湖通往京杭运河和吴淞江的一个关口，行旅繁忙，在交通上极为重要。

宝带桥全长 317 米，是联拱石桥，也是柔性墩系列中另加刚性墩、所有拱券皆为半圆形陡拱的多铰石拱桥。全桥计 53 孔，桥孔共长约 250 米，桥顶宽 4.1 米，桥端宽 6.1 米。桥堍为喇叭形，两端各有石狮一对。桥北端 2 米处有一石塔，高约 3 米，再往北不远处有碑亭一座（如图 3–1），亭内有清人张松声的碑记。在 27 孔和 28 孔间的桥墩上有一座与北端相同的石塔，已毁坏。石狮和石塔为南宋原物。

图 3–1 宝带桥桥头石塔与石碑亭

宝带桥作为纤道桥，不同于江南常见的驼峰隆起的石拱桥，是一座跨径小的多孔、狭长和平坦的石桥，以花岗石砌筑而成（如图 3-2）。为了便于桥下行船，位于主航道的第 14、15、16 三孔跨径最大，桥面逐渐升高，第 15 孔为全桥的最高峰。宝带桥为薄墩联拱桥，桥墩仅 60 厘米，与最大一孔跨径 6.95 米相比，其比例仅约为 1 ：12，全桥显得娇小秀美、轻盈剔透，不仅增加了泄水面积，而且减少了洪水对桥身的冲击。薄墩联拱的最大致命弱点是，如有一孔倒塌，和它相连的两个桥墩就会失去平衡，出现倾覆的危险，导致多米诺骨牌式的连锁反应，直至全桥尽毁。为了减少倒塌的孔数，宝带桥北端起第 27 号桥墩便由两个桥墩并立而成，宽度为 2.23 米，为其他桥墩的 3 倍多，而且比其他桥墩长 80 厘米，这种桥墩，近代称之为单向推力墩。上面还放置一尊“镇妖”石塔，更加强了单向推力墩的保护作用。可见，宝带桥的建造者已掌握了联拱的特性，采用了科学的方法，这些都反映了我国古代的能工巧匠惊人的智慧和技能。

宝带桥是唐朝苏州刺史王仲舒于元和十一至十四年（816—819 年）修建的。在修桥过程中，因经费不足，王仲舒卖了皇上赐给他的一条价值昂贵的宝带，以助工费，人们为了纪念这一善举，就给这座桥取名为宝带桥。

为什么要修这座桥呢？说来话长。早在隋朝时，隋炀帝为了发展漕运和加强对东南地区的统治，于大业六年（610 年），开凿京杭运河南段，自镇江经苏州至杭州，全长 800 里，名江南河。唐朝时候，都城长安位于关中八百里秦川，号称富庶，但是耕地有限，当地所产粮食无法满足京师皇室、庞大的官僚集团和驻军的需要，每年须从江浙地区漕运大批粮食来接济京师。据史书记载，唐玄宗天宝八年（749 年），江浙通过运河运到京师的粮食竟达 580 余万石，可供 10 万人吃 7 年半，而当时长安人口早已超过百万。经过安史之乱以后，出现了地方军阀割据的局面，漕运经常遭到地方割据势力的困扰，造成漕运不畅，京师粮食不够，进而导致人心不稳。唐德宗时，有一次，太仓存粮不敷 10 天之用，禁卫军因没粮吃，军心浮动，要发动兵变，皇上和百官因无良策而寝食难安，惊惧不已。就在这时，从江淮运来了 3 万石米，德宗皇帝闻讯，大喜过望，急急忙忙走到东宫，告诉太子李诵说：“漕米已运到，我父子可以

图 3–2 苏州宝带桥

安枕无忧了。”可见，东南漕运是关乎唐王朝性命的大事。唐宪宗元和年间，漕运情况大有起色，每年从江浙漕运到京师的粮食，多达 40 万斛左右，从而保证了京师粮食供应。为了确保东南地区的粮食能源源不断地运到京师，改善江南漕运条件就成了唐王朝刻不容缓的大事了。特别是苏州至嘉兴这段运河，河水从北向南流去。每到秋冬季节，水位下降，西北风不断，给北上的漕船增加了很大困难。为了保证漕运，只好用纤夫背纤挽船。沿运河北上，在苏州城南，有一条玳玳河，把运河和澹台湖连接起来，又把运河的纤道切成三四百米的豁口，明朝人陈循在《修宝带桥记》中说：“唐刺史王仲舒始作塘堤，障于河之西岸，今东南之要道也。然河之支流断堤而入吴淞江，以入于海，堤不可遏。”在这里修桥代堤，就成为大势所趋，势在必行了。这样，宝带桥就应运而生了。

宝带桥自建成至今，已有 1000 多年的历史了，历经沧桑。在这 1000 多年的岁月中，它曾多次毁坏、多次复修。据史书记载，宝带桥自唐朝元和年间建成，历 400 余年，到了南宋时，因桥倒塌，绍定五年（1232 年）又重建。大约又过了百年，元朝时因年久失修，宝带桥又倒塌了，人们用木材架了一座临时性的桥，后来又改建为石桥。元朝僧人善住曾路过此桥，写诗留念：“借得他山石，还将石作梁。直从堤上去，横跨水中央。白鹭下秋色，苍龙浮夕阳。涛声当夜起，并入榜歌长。”从这首诗里，我们不仅可以知道宝带桥是“石作梁”的石梁桥，像一条苍龙，横卧在玳玳河上，在夕阳的辉映下，极为壮观，还可以想见宝带桥上行人匆匆，隐约可闻纤夫的号子和河里的涛声的景象。明朝正统七年至十一年（1442—1446 年），又重建宝带桥。明代《姑苏志》记载，宝带桥“长千二百五十尺，洞其下可渡舟楫者，凡五十有三，而高其中之三，以通巨舰”。这一记载和现在的宝带桥形基本吻合。到了清朝康熙九年（1670 年），宝带桥被大水冲毁，后修复。清道光十一年（1831 年），林则徐为河东河道总督时，曾主持修缮宝带桥。同治二年（1863 年），李鸿章勾结英国人戈登的洋枪队进攻太平军，戈登坐在“飞而复来”号汽船上指挥洋枪队，攻打驻守在宝带桥附近的太平军。为了使他的指挥船能通过宝带桥，下令拆宝带桥的大孔。结果，造成宝带桥一半桥孔发生倒塌。清代的《倦圃野志·庚癸纪略》曾对此事做了明确的记载：“（农历）八月十九日，捉民夫拆宝带桥两孔，坍去二十五孔，压死兵勇五人。又令打捞水草，开河道，通火轮船。”造成这次宝带桥坍塌之事的罪魁祸首戈登，对此事供认不讳，他在一封信中说：“宝带桥是一座长三百码，有五十三个拱洞的大桥，可惜这桥的二十六个拱洞突然在昨天崩塌了，有两人跌死，另有十人在桥拱一个随着一个倒下时拼命奔逃，才幸免于难。桥崩塌时发出震人的响声，我的小船险些被碎片击沉。……这桥的崩塌恐怕应归咎于我，因为我曾拆去它的一个拱洞……自然其余的便随之倒塌了。”（《太平天国史料译丛》第一辑）。戈登为了掩盖他的罪行，曾嘱咐家人不要把他写回去的有关太平天国的信件向外发表。后来，被一个叫贺翼柯的英国人公布了出来，戈登的罪行才被暴露，宝带桥倒塌的真相才大白于天下。抗日战争时期，宝带桥最南端的6孔被日寇炸毁，直到1956年，苏州人民才将被戈登和日寇破坏的宝带桥修复，重现了它原来的英姿。

宝带桥的千年桥龄，就是中国千年的历史缩影，它向人们诉说着时代的兴衰更替。

宝带桥像一条玉带，平展在大运河畔，逶迤壮观，每当夜幕降临，晴空如洗，皓月当空，53个桥孔，孔孔见月影，蔚为奇观，被誉为“串月”。正如古诗所云：“瑶台失落凤头钗，玉带卧水映碧苔。待看中秋明月夜，五十三孔照影来。”每年八月十五，天气晴朗，明月当空，人们携带家眷，箪食壶浆，从四面八方，涌向宝带桥，供上鲜花、水酒、时鲜的水果和新制的月饼，抒情赏月。这时，桥上桥下，灯火闪烁，人影迷离，笑语喧天，这人间的真情乐趣实难说尽。宝带桥作为苏州的一大景观，八月十五赏月，更富情趣，历年都吸引着众多游客。

二 苏州枫桥

枫桥位于苏州市阊门外的枫桥镇，跨京杭运河枫桥湾，原名封桥，因唐代大诗人张继写了一首《枫桥夜泊》诗而名扬天下。诗云：“月落乌啼霜满天，江枫渔火对愁眠。姑苏城外寒山寺，夜半钟声到客船。”因此，人们便把“封”字改为“枫”字了。枫桥为单孔石拱桥，始建年代不详。古运河开凿于隋代，而张继在唐玄宗天宝年间考中进士，生活年代在8世纪，由此可以推知枫桥约建于唐朝前期。清朝咸丰十年（1860年），枫桥被毁，现桥为清朝同治六年（1867年）所重建（如图3-3）。

枫桥东端紧连铁铃关，下桥即进关。铁铃关建于明朝嘉靖三十六年（1557年），当时枫桥一带市面极其繁华，倭寇经常侵犯骚扰，为了防御倭寇便建筑了这座城关。这种为抗寇御侮而采取的关桥结合的建筑，嘉靖年间曾造过几座。目前，枫桥和铁铃关是硕果仅存的一座了。

枫桥历史久远，且靠近名刹寒山寺，寺前的江村桥与枫桥遥遥相对，江南水乡风光如画。这一带市面又极繁华，故历代文人墨客到此观光游览，将枫桥作为题咏的对象，留下了许多脍炙人口的诗篇。南宋学者、著名诗人范成大编纂的《吴郡志》说，枫桥“自古有名，南北客经由未有不憩此桥而题咏者”。明代诗人高启诗云：“画桥三百映江城，诗里枫桥独有名。几度经过忆张继，乌啼月落又钟声。”这真是诗因桥而添彩，桥因诗而扬名。

图3-3 苏州枫桥

三 苏州灭渡桥

灭渡桥位于苏州市赤门湾，为单孔石拱桥（如图 3–4）。始建于元朝大德二年（1298 年）十月，大德四年（1300 年）三月竣工。

赤门湾原来是一个渡口，从赤门湾到葑门走水路，必须靠船渡。但是，船家经常对过往行人施暴，或敲诈勒索旅客钱财，或杀人越货。官府不能禁绝。昆山僧人敬修就曾多次身受其害，他曾到官府去告过状，却不能从根本上解决问题，便决心效法前辈，在这里造一座桥，使过往行人免遭船家的勒索，造福一方。敬修的主张得到了里人陈玠和张光福的赞同与支持，他们便一起向社会各界募捐造桥。从 1298 年到 1300 年，历时三年，备极艰辛，几经周折，终于完成了大桥的建造工程。造好的大桥取名为灭渡桥，意为“永远不再船渡”，

内含消灭船家对过往行人的横暴之意。

关于灭渡桥，元人张亨在《灭渡桥记》中说，该桥在吴城东南，由赤门湾距葑门水道之间，非渡不行，而舟人横暴，侵凌旅客。敬修乃思创建石桥，利济永久。期自金汇集，奚兴工作，始大德二年十月，迄工四年三月桥成。长二十八丈四尺（约合 95 米），高二丈六尺（合 8 米余），宽约一丈九尺（合 6 米余）。该桥化工一万六千余，费三千有奇，南北往来者踊跃称庆。“名灭渡，志平横暴船需索过甚也”。

灭渡桥自建成至今，历尽沧桑，屡圮屡建，其中有记载的规模较大的重建重修工程有以下几次。明朝正统年间，况钟任职苏州时曾主持重修；清朝同治年间曾经重修；中华人民共和国成立后，当地政府曾拨款维修。

经实测，灭渡桥矢高 8.2 米，跨径 20 余米，比例为 1 ：2.24，拱中心夹角约 157° 。这种桥在江南水乡并非罕见，灭渡桥之所以闻名遐迩，恐怕主要是由于它的来历不同寻常，而桥龄也比较长。

图 3-4　苏州灭渡桥

四 苏州广福寺桥

广福寺桥，又叫崇真宫桥，因桥旁有崇真宫而得名，位于苏州市区，是一座南北走向的石梁桥。桥始建于何时，史志上没有明确的记载。崇真宫建于宋朝政和四年（1114 年），桥的始建年代不会早于崇真宫。据《苏州府志》和有关材料记载，广福寺桥重建于明朝嘉靖四十四年（1565 年），清朝嘉庆二十四年（1819 年）曾重修。桥跨径约 4 米，宽 3 米。嘉庆二十四年重建时，刚刚竣工，石梁忽然从中断裂，桥梁设计者和建桥工人探究其原因，知为石梁性脆所致，于是用在石梁下再加一根木梁的办法来补救。

关于广福寺桥石梁下加木梁的原因，曾有一段有趣的神话传说。据《吴门表隐》记载，广福寺桥建成后，吕祖（八仙之一的吕洞宾）曾站在桥上，预言石梁性烈，此桥不加托木必然断裂。果然，桥上一石梁不久就断裂了。后来，人们把断裂的那根石梁补上了，又按照吕洞宾的话，在每根石梁底下加了一根托木。这则故事流传开来，引起了苏州石梁桥建筑结构方面的重大改革。

打从这件事情发生后，苏州的石梁桥，每条石梁都衬有一根木梁。传说固不可信，但这样造桥是有科学道理的：一是托木可以防止石梁脆断下坠伤人；二是石梁沉重，在纵移就位时，以木梁作为支承便于架桥，石梁就位后，木梁也不再拆除，临时装拆也很方便；三是增强了桥梁墩台的稳定性。这种办法看起来很简单，却含有很深的科学道理，充分显示了古代桥梁工人的聪明才智。

五 苏州虹桥

虹桥，又称钓桥，位于苏州市阊门外。初为木架桥，始建于何时，史志没有明确记载。只知元泰定二年（1325年），暴雨成灾，“水至桥下，汇为回渊，折而东行，势用慓悍”。虹桥被大水冲毁，当时县衙无钱，县官一筹莫展，乡民往来甚感不便。郡人邓文贵慷慨捐赠一半家产，将木桥改建为石桥，数年以后竣工。可知虹桥桥龄至少六七百年。明朝洪武元年（1368年），将石桥改为石台木梁的护城吊桥，亦称钓桥。钓桥名字从此沿用至今。

虹桥历年久远，经水患兵燹，屡圮屡建，较重要的修建有以下几次。明朝成化十年（1474年），知府齐霁修葺，改桥名为永济；明朝正德七年（1512年），桥圮，知县胡文静重建；明朝万历十八年（1590年），知府石昆玉重建；明朝崇祯十一年（1638年），巡抚张国维重建；清朝顺治二年（1645年）、康熙三年（1664年），多次进行维修；康熙九年（1670年），知县韩敬所又重建；清朝嘉庆二十二年（1817年）重修。屡圮屡建的史实一方面说明虹桥一带灾患频仍，另一方面也说明虹桥地位十分重要。

1927年及其以后对虹桥进行改建，在原来的老桥台基础之上，铺上了钢筋混凝土的桥梁，使这座数百岁的古桥又焕发出青春的活力。

六 苏州吴门桥

吴门桥，原名新桥，位于苏州市盘门外。桥券跨径为 14 米，高 4 米。桥的宽度不一致，顶狭下宽，顶部宽 4.8 米，底部宽 5.7 米，这种独出心裁的设计施工，是为了加强桥的稳固性。桥门正中刻有“吴门桥”三个大字，桥的两侧间壁上刻有“同治十一年壬申夏四月”“苏省水利工程总局重建”字样。

吴门桥于宋朝元丰七年（1084 年），由郡人石氏出资，郡守章岵主持修建。取名新桥，建在河的拐弯处，这里的河道既深且宽，

是至木渎的必经之地。从前，行旅过河，必须坐船，往来多有不便。建桥以后，行人深感便利。

关于吴门桥的情况，《吴郡图经续记》的记载较为详细："盘门南出徒行趋诸乡至木渎者，每过运河，须舟以济。又当两水交流之间，颇为深广。自昔未有为梁者。宋元丰七年，章岵为郡守，有石氏请出钱造桥，横绝湍流，往来便之。……同治十一年重建。"宋以后，吴门桥曾多次重建。南宋绍定年间，桥圮，重修。明朝正统年间，况钟知苏州，再建吴门桥。明朝弘治十一年（1498 年）、清朝顺治三年（1646 年）和清朝雍正十二年（1734 年）都曾重修。现在的吴门桥是清朝同治十一年（1872 年）重建的。

盘门是苏州仅存的古城遗迹，吴门桥是苏州市内最高最大的单孔古石桥（如图 3–5），再加上瑞光塔，三者都位于苏州城西南的文物古迹游览区，被称为"盘门三景"。

图 3–5　苏州吴门桥

七 苏州垂虹桥

垂虹桥，原名利往桥，俗称长桥；位于苏州市吴江区，横跨于太湖支流塘河两岸；始建于北宋庆历八年（1048 年），桥上有一亭，亭的横额曰垂虹，故又名垂虹桥。垂虹桥和苏州市东南的宝带桥都是多孔薄墩联拱石桥，为姊妹桥。垂虹桥长约 500 米，72 孔，宝带桥长 317 米，53 孔，故称垂虹桥为长桥，称宝带桥为小长桥。

宋朝人钱公辅在《垂虹桥记》中记载："出姑苏城南五十里，民居数百，攘攘于沙渚之上者，吴江县（今吴江区）也。东湖之流贯城中，隔限南北，横可以渡者，吴松（淞）江也。隐然长虹，往来安若复道者，初作利往桥也。"宋时的垂虹桥为木梁石墩，当时的桥也没有后来这么长。宋朝大诗人苏辙曾写诗赞垂虹桥说："六月长桥断不收，朱栏初喜映春流。虹腰宛转三百尺，鲸背参差十五

舟。入市樵苏看络绎，归家盐酪免迟留。病夫最与民同喜，卯酉匆匆无复忧。”从苏辙的记载中，可知当时的垂虹桥长 100 米，有舟形石墩 15 个，每孔约合 6.3 米，这个数字正是木梁的跨径。

垂虹桥已有 900 多年的历史了，历尽沧桑，屡圮屡建，《苏州府志》记载：“利往桥，俗呼长桥，又名垂虹桥，宋庆历八年建木桥。治平三年重修。绍兴间，淮上告警，有倡议焚桥者，郡守洪遵坚持不可，得全。元泰定二年，始易以石，下开六十二洞，每洞用铁锔条，各长一丈三尺。水底以桫枋，以防倾圮。两堍立汇泽、底定二亭。三年，以四石狮镇两堍。至正十二年，再建，增开至八十五洞。明洪武元年，重修。永乐二年，砌砖而翼以层栏。……康熙四十七年，浚河，挖起桥底所钉桫枋，未几桥断，……嘉庆四年重建。”从上述记载中可知，元泰定二年（1325 年），木桥改建石桥，桥底钉桫枋，以防止水对桥基的冲刷。石桥两端分别建有汇泽、底定二亭。第二年，又在桥的两端各增添两只石狮子，以镇桥堍。清朝康熙四十七年（1708 年）疏通河道时，错误地把桥底钉的桫枋挖掉了，不久，造成石桥坍塌，到了嘉庆四年（1799 年），又重修。后来由于年久失修，已大部分塌陷（如图 3-6）。

图 3-6　江苏吴江垂虹桥外露残存

古时的垂虹桥状如腾龙，秀美壮观，历代多有诗人歌咏之。元代大诗人萨都剌曾写诗赞美道：“插天螮蝀势嵯峨，截断吴淞一幅罗。江北江南连地脉，人来人往渡天河。龙腰撑出渔舟去，鳌背高驰驷马过。桥上青山桥下水，世人曾见几风波。”

八 苏州七都镇古桥

苏州市吴江区七都镇是典型的江南水乡泽国，河流沟汊纵横，大小桥梁星罗棋布，其中著名的古桥有东庙桥、广福桥和洪恩桥。

1. 东庙桥

东庙桥是一座东西走向的三孔石梁桥。桥长 21.5 米，高 4.31 米，中宽 2.1 米，桥堍宽 2.75 米，中孔跨度为 4.6 米。3 孔桥面架设 6 根石梁，石梁间铺置石板。每根石梁都是两端为 31 厘米，中间增厚至 51 厘米，外侧凿成弧形，这样做不仅可以增大抗压力，减少受拉力，而且使整个桥面略成拱形，使桥梁造型美观大方，富有艺术感染力。东庙桥的桥底盘石和排柱浑厚稳重，排柱和横系石平接严密，受力均匀。中孔石梁中间镌刻“绍定”二字，次孔石梁边端又分别雕刻四组流云图案，线条流畅，形状各异，刻技熟练精致。从东庙桥的造型和桥梁结构上可以看出，当时的桥梁设计者和工匠是煞费苦心的，所以桥梁的多处设计都有独到之处。东庙桥始建于南宋绍定年间，准确年代不详。民国年间曾对东庙桥进行大修，在桥上增置花岗岩的栏石和望柱，以保护过往行人的交通安全。

2. 广福桥

广福桥为单孔石拱桥，用武康石、青石和少许花岗岩建造而成。桥长 17.40 米，顶宽 2.34 米，桥堍宽 2. 64 米，矢高 3.17 米，跨径为 6.90 米。广福桥的设计和施工很有特色，拱券采用分节并列和纵联分节并列两种方式砌置，这种设计施工方法具有明显的时代特点，体现了江南拱桥拱券施工在方法上由明代向清代过渡的特点，这在吴江

明清时代的石桥建筑中是不多见的。广福桥身上共有 8 处题刻，除了建桥捐银题记外，还有莲花图案。莲花图案不仅雕刻精细，还富有层次，如有的是尖角嫩叶，有的是含苞欲放，既有佛教的“引渡”含意，又充分地体现出莲花的“出淤泥而不染，濯清涟而不妖”的高洁本性，寓意深刻，体现了桥梁设计者的美好愿望。据史志记载，广福桥建于元代至正十四年（1354 年），明代正统十四年（1449 年）重修，嘉靖十六年（1537 年）重建。现在我们见到的广福桥，是明代天启元年（1621 年），由江苏吴江县（今吴江区）和浙江乌程县（今湖州市吴兴区）合建的。

3. 洪恩桥

洪恩桥是一座东西走向的单孔石拱桥，原为青石建筑，后来桥面石级破损，在维修时已换成花岗岩了。洪恩桥长 13.3 米，桥顶宽 2.24 米，桥堍宽 2.5 米，矢高 3.05 米，跨度 5.6 米，矢高与跨度的比例大于 1 ：2，是江南水乡常见的陡拱桥，利于河中船只通行。洪恩桥的拱券采用分节并列砌置法，工艺精湛，每道券石之间有榫卯相接，上下错缝，券石横向用铁扁担或腰铁连接，以增强券石之间的整体联系性。洪恩桥的拱券内有两处建桥捐资人的名单题刻。桥的长系石（俗称桥耳朵）端面上刻有“吸水兽”（传说中龙的儿子“蚣蝮”）的图案，其形为宽鼻、突眼、阔嘴。上刻阴刻眼圈，两侧刻双耳，阔嘴以弧线勾画，弧线下以小三角形表示牙齿，额上刻曲线须毛，腮边刻有两爪。线条流畅清晰，表现力很强。洪恩桥始建于明代成化六年（1470 年），几经风雨，屡圮屡修，直到现在仍保存完好。

九 苏州盛泽古桥

盛泽镇位于苏州市吴江区的南面，和浙江省的嘉兴市相邻。这是一座千年古镇，自明清以来，丝绸业和商品经济十分发达，经久不衰。镇区内溪流河道纵横，池塘湖泊星罗棋布，是有名的江南水乡。明清以来，人们修建了一大批古桥，其中最为人们所称道的是泰安桥、升明桥和中和桥。

1. 泰安桥

泰安桥是一座三孔石梁桥，呈南北走向，横跨在黄家溪市河上。该桥全长 20 米，桥堍宽 3.75 米，桥中宽 2.4 米，桥微呈拱形，中孔高 3. 95 米，南北两孔略低，跨径为 5.05 米。泰安桥建于明朝崇祯五年（1632 年），清朝同治十一年（1872 年）重修。桥为花岗岩结构，排柱仍完好无损，只是西桥台残损不全，北孔已淤塞。明清时期，在丝绸业发达的江南地区，在我国封建经济母体中产生了资本主义雇佣关系，即机户拥有很多张织机，每天清晨到固定的劳务市场上去雇用织工，当时机户和织工的关系是“计日授值”，是资本主义的雇佣关系。据《黄溪志》和有关丝绸的资料记载，明清时代黄家溪的丝绸业十分发达，每天早晨都有很多人站在泰安桥的桥头，等待机户来雇用，当地人称为“走桥”，又称为“找做”。泰安桥不仅是盛泽镇丝绸业发展的历史见证，同时也是我国明清时代资本主义雇佣关系的历史见证，具有很高的历史文物价值，值得重视。

2. 昇明桥

昇明桥是一座三孔石拱桥。桥长 46.7 米，桥顶宽 4. 25 米，

桥堍宽 5.45 米。昇明桥设计巧妙实用，中孔较大，矢高 5. 39 米，跨径 10.70 米，中孔大且高，适合江南水乡船舶通行，前后两孔较小而略低，这不仅便于行人上桥和下桥，而且节省许多建筑材料，又使桥形变化多姿，增强美感。昇明桥的拱券都是采用纵联分节并列法砌置的，坚固耐用。桥的明柱上镌刻有隶书对联，文字隽秀，刀法有力。东向的对联为“祥开震巽彩虹高，千秋壮丽；喜溢乾坤新月满，万户盈宁”；西向的对联是“雁齿衔堤，近练白漾流五聚；龙腰亘渡，遥通沧海窦三环”。这两副桥联既描绘出昇明桥的形制与地理环境，以及当地百姓祥和安宁的生活，又增强了昇明桥的艺术氛围，提高了其文化品位。昇明桥建于明代崇祯十四年（1641 年），清朝雍正九年（1731 年）重建。1991 年曾对昇明桥进行大修。

3. 中和桥

中和桥是一座东西走向的单孔石梁桥。中和桥为花岗岩砌筑，长 18.50 米，中宽 2.64 米，堍宽 3.05 米，高 3.70 米，跨度为 5.50 米。中和桥的设计和建筑别具匠心，两桥台上各有一个拱形泄水孔，既能增加排水量，又节省了建筑材料。泄水孔上有楣额，南面为“波月”“媚川”；北面是“挹秀”“梯云”。桥的明柱上镌刻有桥联，其一曰“北胜跨虹融水德，中和位育贯文风”；其二曰“金波遥映红梨渡，玉带长垂绿晓庄”。中和桥以设计精致、造型小巧玲珑、凿刻细腻而见长，在众多古桥中独树一帜，不仅被当地人们视为瑰宝，也深受国内外旅游观光者的喜爱。

十 常熟古桥

常熟市位于苏州市北，北濒长江，南临阳澄湖和昆承湖，是一座有1000多年历史的文化古城。这里地处长江三角洲，经济发达，自古以来富商巨贾云集。这里人杰地灵，古往今来，产生了一大批名人学者，文物古迹随处可见。这里“七溪流水皆通海，十里青山半入城”，风光绮丽，景色宜人，河道纵横，河街相望，是著名的江南水乡。这里古桥很多，其中著名的有山塘三桥、广嗣桥和永济桥。

1. 山塘三桥

山塘三桥位于常熟城西门外5千米，此地有3座古桥，即甸桥、程家桥和云庆桥。

甸桥，又写作殿桥，俗称头条桥。这是一座用花岗岩建筑的单孔拱桥，长34米，宽3.16米，矢高5.60米，横额镌刻“甸桥”二字，文字古朴苍劲。甸桥始建于明朝，具体年代已无从查考，清代和民国年间，因桥圮毁，曾多次修葺和重建。

程家桥，俗称二条桥，因为在桥畔有明朝工部尚书程宗墓，所以起名程家桥。程家桥是一座用花岗岩建成的单孔拱桥，长31.80米，宽3.30米，矢高7.20米，明柱上镌刻一副楹联曰：“愿天常生好人，愿人常行好事。”程家桥始建于明朝初年，清朝时曾重修。

云庆桥，因桥址位于虞山拂水涧下，所以又称作拂水桥，俗称三条桥。云庆桥是一座用花岗岩和青石夹筑而成的单孔拱桥，桥长31米，宽3.8米，高4.6米，桥身上刻有“云庆桥”横额。该桥

始建于明朝，清朝时曾重建。甸桥、程家桥和云庆桥，都是南北走向，南临尚湖，北依虞山，桥南大小湖甸河汊，平展如砥，禾田茵绿，云蒸雾绕，苍苍茫茫。桥北山麓，繁花似锦，涧水飞溅，山水一色。三桥并列在山塘上，如同镶嵌在山塘上的三颗明珠，吸引着众多游客。最热闹的时候是每年清明节前后，大地披绿，百花齐放，山光水色，美景如画，使人流连忘返。古往今来的文人墨客和游人情侣大多在此时乘游船，携美酒，竞作山塘之游。

2. 广嗣桥

广嗣桥因为在常熟古城小东门外莲墩浜上，所以又称作莲墩浜桥，又因为在桥上曾发生过退媳妇的逸事，俗称“退媳妇桥”。广嗣桥是一座单孔拱桥，南北横跨在莲墩浜上。桥长 25.6 米，宽 4.2 米，高 6.3 米，桥的两端设有踏步。桥身上镌刻“广嗣桥”额，明柱上镌刻楹联二副，其东联曰“百尺长虹横雪痕，半轮皎月锁寒烟”；其西联曰“西挹吴山朝气爽，东延沧海暮澜回”。桥的金刚墙上嵌砌着清代乾隆年间和民国年间的修桥题记碑。广嗣桥始建于明朝中期，具体年代史志上已无从考查。清朝乾隆年间，邑人薛大猷曾独资重建。1919 年，邑人钱宗瀚等人募捐重修。广嗣桥的跨度大，给人一种气势恢宏的感觉。

3. 永济桥

永济桥位于常熟古城南门外，横跨元和塘上，桥址距常熟城三里，俗称三里桥。永济桥是一座用花岗岩建筑的三孔拱桥，始建于清朝康熙四十六年（1707 年），前后历时 8 年，于康熙五十四年（1715 年）竣工。桥为南北走向，全长 43.8 米，中孔矢高 6.4 米，中宽 4.5 米，桥堍宽 6.6 米，桥跨径为 28.6 米。桥的两坡设石级，方便行人上下桥，桥的两侧镶嵌雕花栏板，栏板上镌刻有建桥题记，线条流畅，雕刻精美。这样的栏板既有美化装饰的作用，又能保护行人安全。拱券采用分节并列式砌置，拱券板上镌刻有捐资修桥人的姓氏名录。明柱上镌刻“风调雨顺，国泰民安”八个大字。永济桥设计合理，建筑也很有特色，给人一种气势不凡的感觉。

十一 太仓古桥

太仓市位于苏州市东北方的长江南岸，是长江三角洲的水乡，河流沟汊遍布，街道临河相望。在太仓众多的桥梁中，最有名的是周泾桥、兴福桥和安福桥。

1. 周泾桥

周泾桥又称海门第一桥，位于太仓城内东门街，横跨在至和塘上，是一座三孔石拱桥。宽 4.70 米，中孔拱高 4. 77 米，跨径为 11.60 米，前后两孔略低，跨度也不如中孔大。

至和塘系人工开凿的河道，是宋代昆山主簿丘与权于至和二年（1055 年）主持开凿的，引娄江水入城，东西横贯太仓城区，所以又称太仓塘。

至和塘原来水道很宽，元朝末年，群雄蜂起，盘踞苏州的张士诚害怕盘踞浙东的方国珍从至和塘攻入，遂将塘改狭，使周泾桥两侧桥孔堵在驳岸内。周泾桥始建于元代至顺元年（1330 年），是用青石建造的。随着时间的流逝，此桥虽然经过数次修葺，但是都没做过大的变动。桥的拱券用分节并列法砌造，是典型的元代桥梁砌筑法。桥的两侧镶有桥栏石，以保护过往行人的交通安全，上面刻有牡丹、缠枝花等花卉图案浮雕和动物欢跃追逐的图案浮雕，造型生动逼真，栩栩如生，线条流畅，刀法粗犷，是典型的元代石雕风格。该桥是僧侣募化捐款主持修造的，这在拱券石上的铭文题记中说得十分清楚。该桥自建至今，已历 600 多年，但仍保存完好，这使它在桥梁建筑史上有一定的研究价值。

2. 兴福桥

兴福桥俗称皋桥，也叫高桥，位于太仓城内西门街。兴福桥是一座单孔石拱桥，桥身全用青石砌造，桥面宽4.27米，桥拱高4.31米，桥孔跨度为9.90米，桥边栿石中央刻有“兴福”二字，并雕有莲花图案浮雕。桥孔两侧各有起稳固桥身和装饰作用的荷叶形浮雕石座2座。桥的拱券由9道单独的券石组成，每道有五六块，券石上刻有铭文题记，详细记载着捐款人的姓名和建桥年月。兴福桥的桥孔外侧各有长条石柱直贯桥底柱，这两条石柱对稳定和加固桥身起到了重要的推应作用。南桥堍的石柱上面刻有两行正书小楷题记，计17个字，其文曰：“南隅朱氏妙亭助柱四条增崇福寿延长者。”兴福桥始建于元代元统二年，南北走向，横跨在至和塘上，历600多年的风云变幻，仍保存完好。它在我国古代建桥史上有很高的研究价值，也充分体现了我国古代桥梁设计师和建桥工人的聪明才智及纯熟的建筑技术。

3. 安福桥

安福桥俗称州桥，因为桥北300多米处原为太仓州州衙所在地。安福桥位于太仓城内，呈南北走向，横跨在至和塘上，是一座三孔石拱桥。桥宽3.85米，中孔桥高3.23米，跨度为11.15米，中孔由9道券石联成，每道券石由四五块青石砌成。元末农民战争时，占领苏州的张士诚为防止雄踞浙东的方国珍派水师攻入，将至和塘改狭，致使安福桥的南北两孔都被驳岸砌没，仅露中孔，北孔尚能窥见部分。安福桥始建于元代天历二年（1329年），是由太仓崇福寺的和尚募捐并主持建造的。安福桥自建成至今，已历600多个寒暑，历代虽然做过小规模的修葺，但未做过大改动，桥身和拱券基本上保存原貌，只是原为青石做的桥栏石已荡然无存，现在改为砖砌短墙，桥面上的青石全部换成花岗石。

十二 太仓新丰古桥

新丰村属太仓市，距太仓城六里许，也是典型的江南水乡。在纵横交错的溪河沟汊上，建有许多式样各异的桥梁，其中最为人称道的是众安桥和金鸡桥。

1. 众安桥

众安桥为南北走向，横跨在张冈门河上，是一座三孔石拱桥。因桥堍原有一座供过往行人休息的石亭，所以当地群众又称它为“井亭桥”。众安桥造型优美，小巧玲珑，桥宽 3.37 米，中孔跨度为 6.10 米，三孔总跨度为 17.53 米，中孔拱高 2.88 米。三孔券石都是 5 道，每道用四五块青石砌成。在中孔北侧的一块券石上，镌刻着铭文题记，上下镌有莲花与荷叶浮雕，题记为五行竖书正楷小字，告诉人们众安桥是南广教寺住持圆智广慈大师募捐并主持修建的。南广教寺是宋朝修建的一所大寺院，据传说寺内原有房屋 9999 间，香火兴盛，闻名遐迩，清朝末年被大火烧毁，现在仅存两棵苍劲古老的银杏树，作为南广教寺的见证。众安桥始建于元代元统二年（1334 年），迄今 600 多年，几经圮毁，几经修复，一直保存到今天。

2. 金鸡桥

金鸡桥位于朱里泾上，是一座单孔石桥。桥身用青石砌筑，长 11.70 米，宽 2. 37 米，桥高 2.34 米，拱券跨度为 5.10 米。金鸡桥桥孔两侧有相对应的两对石座，座端雕有荷叶图案。石条横贯桥墩，起到稳固桥身的作用。桥墩两侧两石座下均有石柱，起推力作

用，有助于桥身稳定。桥的拱券由 5 道券石错缝砌成，每道用青石四五块，在中央券石上刻有铭文题记。金鸡桥造型小巧玲珑，设计科学合理，建造精良坚固，是江南水乡石拱桥的上乘之作。金鸡桥桥名的来历也不同凡响。在桥面栿石上，有一块大青石，青石上有一只依稀可辨的雄鸡。据说在很久很久以前，每天清晨，方圆几里内，人们都能听到这只雄鸡引吭高歌。人们觉得非常神奇，便给这座桥起名为金鸡桥。

第四章
泉州桥梁甲闽中
——泉州地区古桥

古书有“闽中桥梁甲天下”“泉州桥梁甲闽中”一类赞语。闽是今福建省的简称，泉州市在711年以后的1200年间先后为泉州、泉州路、泉州府的治所。宋元时期泉州或泉州路的辖境相当于今晋江流域、澎湖列岛及厦门、金门等市县。南宋时（1127—1279年），福建以泉州为中心，包括漳州、福州等地区的经济，出现了一个蓬勃发展时期。以泉州为起点的“海上丝绸之路”建立起来了，南洋各国的进口物资，多经海船运到泉州，再经旱路和水路运往内地；内地的出口物资，也多经旱路和水路运到泉州地区，再由海船运往国外。泉州港兴起于唐代，为当时中国四大海港之一；到南宋时，泉州港的航海贸易业迅猛发展；至元代，泉州港更成为中国第一大港，甚至被外国人称为世界上“最大的港口”（《伊本·白图泰游记》）。随着海外贸易的发展，泉州地区

的商品经济迅速发展起来，在商品经济的刺激下，泉州地区的交通运输业也得到了长足的发展。同时，在泉州地区出现了一个修桥的热潮，《泉州府志》中记载这一时期修桥达110多座，其中五里长的大桥就有四五座。

南宋时期是泉州造桥史上最辉煌的时期，不但造桥多，而且桥的长度、跨度和重量，以及建桥的技术和施工速度、桥梁的形状和桥梁基础，在古代中外建桥史上，都达到了登峰造极的地步。英国科学家李约瑟在《中国科学技术史》一书中曾高度评价泉州地区的古代桥梁，他说中国的古代桥梁“在宋代有一个惊人的发展，造了一系列巨大的板梁桥，特别是福建省，在中国其他地方或外国任何地方都找不到能和它们相比的”。我们只要到泉州地区走一趟，亲自领略一下古桥的风采，立即就会认识到中外书籍对泉州地区古桥的记载和评论并非溢美之词。

一 泉州洛阳桥

1100多年前，当唐宣宗李忱（810—859年）尚未登基，还做光王时，为泉州一带山河湖海之美所诱，特前往游览。这位“性严重寡言”、一向被视为“不惠（慧）”的年轻王爷，面对泉州的壮丽山河，忽然发出“山川胜概，有类洛阳”的赞叹。人们因此便将流经今泉州市的一条河称为洛阳江。举世闻名的巨型石梁桥洛阳桥，即因横跨在洛阳江上而得名。

洛阳桥又叫万安桥，横跨洛阳江入海口的江面。用来垒砌桥墩的石料并不十分巨大，垒砌的方法是一排横，一排竖，垒成两端尖的船形，以减小水的冲刷力，增加水的流量。每孔铺设花岗岩石梁7根，每根石梁厚约0.5米，宽0.6米，长11米。

洛阳桥始建于宋朝庆历元年（1041年），初为浮桥，宋皇祐五年（1053年），郡守蔡襄改浮桥为石梁桥，历时6年多始建成。宋人方勺在《泊宅编》中谈到洛阳桥时说：“泉州万安渡，水阔五里，上接大溪，外即海也。每风潮交作，数日不可渡。……蔡襄守泉州，因故基修石桥，两岸依山，中托巨石（中洲小岛——引者注），桥岸造屋数百楹，为民居，以其租金入公用。三岁度一僧掌桥事。春夏大潮，水及栏际，往来者不绝，如行水上。七年桥成。即多取蛎房散置石基，益胶固焉。元丰元年（1078年），王祖道知州奏立法，辄取蛎房者徒二年。”

洛阳桥原长约为1 200米，宽约5米，有46座桥墩、500个扶栏、28只石狮、7座石亭、9座石塔，规模特别宏大。

洛阳桥经900余年，历受风剥雨蚀、洪水战火、天灾人祸，

屡遭劫难，几经重修。洛阳桥于清朝乾隆二十六年（1761年）重建，1932年改建为现代公路桥，1993年至1996年，国家拨专款实施洛阳桥保护修复工程。现桥长834米，宽7米。原桥面和栏杆已坏损，遂改用钢筋混凝土。现在尚存船形桥墩31座；桥上还有原石狮28只，石塔3座，石亭2座。桥境四角石柱琢成葫芦形，旁有洞，洞中凿空，内塑有小菩萨；桥头4尊武士石刻像，披甲仗剑，气概雄壮，栩栩如生。中洲小岛上建有中亭和西川甘雨亭，中亭内有修桥碑石12座，西川甘雨亭内有“天下第一桥”横额。桥南建蔡襄祠一座，祠内有蔡襄题字的《万安桥碑》一座，明清石碑8座，明

图 4-1　泉州洛阳桥

朝雕塑的蔡襄石像一座。桥北有昭惠庙和为纪念造桥有功的僧人义波而建的真身庵。此外，还有分散在大桥附近的修桥碑记 26 座。文物极盛，都可供人瞻仰观赏，每年吸引着大量中外观光客来此。

洛阳桥横跨洛阳江，东临海湾，地处海潮和江水交汇之处（如图 4-1）。此地虽然自然景观壮美多姿，但也给建桥增加了难度。每年的春夏两季，洛阳江水暴涨，如一头狂怒的巨龙，从上游咆哮奔腾而下。每当海潮退落，下泻的江水和退潮的海水搅在一起，波涛滚滚，浊浪排空。而当海潮上涨时，狂暴的海潮和一泻千里的江水，又在江海相汇的喇叭口上相撞，发出山崩海啸一样的轰鸣，浪

花如同裂石碎玉般四处飞射，其势更是惊天动地，撼人魂魄。

洛阳桥的设计者和建桥工人为了战胜惊涛骇浪，创造了被称为“筏形基础”的新型桥基。“筏形基础”就是在江底沿着桥梁中线满抛下许多大石块，并向两侧展开一定的宽度，筑成一条横跨江底的矮石堤，将其作为桥墩的基址。筏形桥基宽约 25 米，长 500 余米，其高度因河床深浅不一而难以测算。为了固定筏形基础的石堤，建桥者发挥聪明才智，创造了种植蛎房加固桥基的科学办法。牡蛎又称蚝，是一种生长在浅海滩、有贝壳的软体动物。它的一部分贝壳附生在礁石或其他牡蛎上，与附生物牢固地胶结在一起，成为一体；另一部分贝壳则盖着自己的软体。牡蛎的繁殖能力极强，成片成片的牡蛎，无孔不入地在海边礁石上繁殖生长，可以把分散的石块胶结在一起，组成坚固的整体，形成蚝山。聪明的建桥工程技术人员利用牡蛎的这种繁殖特性来加固洛阳桥的桥基，从而把松散的石堤凝结成牢固的整体。牡蛎肉是一种美味佳肴，东南沿海百姓早就懂得采集牡蛎来改善生活。为了保护洛阳桥的桥基桥墩，从建造洛阳桥开始，历朝历代政府都明令禁止百姓采集洛阳桥下的牡蛎。

建造洛阳桥如此困难，为什么还要建造它呢？这得从海外贸易谈起。宋朝时期，由于中原战乱频繁，从陆上去西亚的交通被阻断，这时，以泉州为中心的海外贸易日渐繁荣。北宋政府在泉州设立市舶司，负责接待外侨外商，管理外贸税收，处理海外事务，相当于现在的海关。当时，泉州港口经常停泊数以百计的大小船舶，在泉州有来自南洋、西亚和北非的 30 多个国家的商民和僧侣，泉州港是当时世界上最大的港口之一。泉州城东北的万安渡，地处泉州北上福州，西上江西、湖北，远达京师汴梁（今开封）的官道上，运往内地的进口货物和从内地运来的出口商品，都要从这里经过。在建造洛阳桥以前，如果走陆路，必须绕道走洛阳江上游的小路，路途遥远，还要翻山越岭，困难很多；如果走水路，就得在万安渡等候轮渡。由于客流量大，货运繁忙，排队等候和渡江的时间都很长，若是遇到风暴或大潮袭击，还有翻船溺水的危险。因此，中外商民都殷切地盼望能在万安渡口建筑一座桥梁，以便解决人行和运货的实际困难。

工程如此浩大，困难如此之多，洛阳桥的设计者和建桥工匠并没有被吓倒，他们充分发挥聪明才智，经过长年累月的艰辛劳动，终于建造了这座杰出的桥梁。这使人们产生了种种神奇感，渐渐地又增了一层神秘的色彩，编出许多神话故事来。传说准备开工的时候，海潮涨落不定，泉州太守蔡襄给海神写了一封信，让海神协助建桥，尽退海潮。信写好后，太守把州里的众公差召集在大堂上开会。太守问公差们："谁能下得海去送公文？"正好公差中有一位叫夏得海的人，以为是太守叫他，急忙走上前去应命。夏得海接过公文，才知道事情难办，傻了眼。但是，既然接了公文，就得去办，夏得海把自己灌得酩酊大醉，趁着大海落潮的时候下到海里，又乘着涨潮的时候返了回来，还带来了海神给蔡太守的回信。夏得海把海神的书信呈给蔡太守，太守拆开信一看，信中只写了一个"醋"字。他灵机一动，领悟其意，便对众人说："海神让我在本月二十一日酉时动工建桥。"人们听了蔡太守的话，将信将疑。到了八月二十一日那天，果然海上风平浪静，潮水退尽，洛阳桥正好开工。一连八天，都是无风无浪的好天气，造桥工匠日夜赶造桥基，桥基终于顺顺当当地建好了。当地人民怀着对为民造福的地方官无限崇敬的心情，编了很多优美动听的歌谣，来歌颂那些做善事、造福一方的地方官们，如"栀子开花心里娇，蔡状元起造洛阳桥"，就是赞美泉州太守蔡襄的。当他还活着时，当地人民便在洛阳桥南建造了祠庙供奉他。他自撰并书写的《万安桥记》大字石碑立于祠中，文美、书美、刻工美，世称"三绝"。今祠亦保护甚好。

洛阳桥是中华民族科技园中的奇葩瑰宝，是中华民族对人类造桥史的杰出贡献，是龙的传人的骄傲。

二 晋江安平桥

泉州地区的桥不但多而且长，最长的桥当属安平桥，全桥长 5 里，俗称五里桥。

安平桥位于泉州市下辖的晋江市安海镇，这里原是一个市集兴旺的渡海码头，《清源旧志》说它“方舟而济者日千万计”。安平桥东起晋江市的安海镇，跨水深 10 余米的安海港，直到南安市的水头镇。安平桥始建于南宋绍兴年间，《安海志》记载，“安海渡介晋江南安，隔海相望六七里，往来以舟渡。绍兴八年，僧祖

图 4-2 晋江安平桥

派始筑石桥，里人黄护与僧智资各施万缗为之倡，派与护亡，越十四载未竟。绍兴二十一年，郡守赵公令衿卒成之”。原记桥长811丈，广1.6丈。宋代1尺合今30.72厘米，推知此桥宽约5米，长约2 500米。它是中古时代世界上最长的梁式石桥。建桥历时13年，工程浩大，在古代桥梁中当属首屈一指。安平桥历经沧桑，历代各朝续有修缮。经过实测，现桥长2 070米。安平桥的结构和形式与洛阳桥相似，是仿洛阳桥建造的，但比洛阳桥长出许多，故有“天下无桥长此桥”之誉（如图4–2）。

安平桥的桥墩用条石纵横堆砌而成，桥墩形式多样：一是长方形，在上下游浅水区域；二是半船形墩（上游尖，下游平），筑于桥身一面较深的水域；三是船形墩（上下游均尖形），筑于桥身两边，都在较深水域。现在，安平桥已经成为著名的旅游景点。

安平桥分属两市，东段属晋江市，西段属南安市。因桥太长，特在桥上建起水心亭、中亭、宫亭、雨亭、楼亭等五座亭子，供过往行人休息乘凉。水心亭俗名中亭，位于中央，是晋江和南安两市分界处，规模宏伟壮观，面积很大。清朝时两地因争地盘，扩张地界，发生争斗，殃及水心亭，导致亭被毁坏。现在看到的中亭是后来重建的。中亭周围保存有历代重修碑记 13 座，亭前两侧有两尊站立的石刻武士像，头戴兜鍪，身披铠甲，手执长剑，面容严峻，威风凛凛，风格古朴，为宋代石雕艺术品。西段的桥亭又名海潮庵，内有清代嘉庆时重修的碑刻。桥两侧水中筑有对称四方石塔 4 座、圆塔 1 座；桥头入口处还有一座六角五层砖木结构的宋塔，塔的外部挂有白灰罩面，故称白塔。此塔内部为空心，高达 22 米。宋塔的建造年代与建桥的年代大致同时。

安平桥历史悠久，建造奇特，别具风格，碑刻众多，历代文人骚客多有题咏。宋代泉州太守赵令衿有《咏安平桥》诗，其中有“玉帛千丈天投虹，直栏横槛翔虚空”的名句，形象地刻画出安平桥这一天下第一长桥的恢宏气派。1963 年郭沫若先生视察福建时，来到安平桥，写下一首七律：“五里桥成陆上桥，郑藩旧邸迹全消。英雄气魄垂千古，劳动精神漾九霄。不信君谟（蔡襄字君谟）真梦醋，爱看明俨偶题糕。复台诗意谁能识，开辟荆榛第一条。”此诗热情洋溢地歌颂了古代造桥英雄们的劳动精神。

经过近千年沧海桑田的变迁，安平桥仍巍然屹立。安海湾则变化甚大，宋代波涛汹涌的海湾，因泥沙淤积，已成沃野良田。昔日安平桥下的海浪，已被水稻的绿浪取代，安平桥这座历史长桥就掩映在水稻的碧浪之中。

三 漳州江东桥

如前所述，福建的古桥梁之多，桥梁建筑之奇特，享誉中外。它们各具特点，争奇斗胜。漳州的江东桥以构造雄伟和石梁巨大而雄视群桥，为人们所称道。

江东桥，亦名虎渡桥，横跨在九龙江（柳营江）上。清人顾祖禹在《读史方舆纪要》中说："九龙江自华峰而来，注九龙山下，为漫潭，两山如壁。南流经香州渡，又往蓬莱峡，亘虎渡桥，为南北要道。"从这段记载中，我们可以知晓江东桥地处福建通往广东的咽喉要道，地理位置十分重要。

江东桥始建于宋代，绍兴年间为浮桥。嘉定七年（1214 年），改建成石墩木梁桥，"垒石为址，酾为十五道而屋之"，改名为通济桥。嘉熙元年（1237 年）遭火灾，木梁尽毁，乃改建石墩石梁桥，前后历时 4 年，至淳祐二年（1242 年）才建成。《读史方舆纪要》记载这次重修江东桥"易梁以石而不屋，越四年乃成，长二百丈，址高十丈，酾水亦十五道"，《漳州府志》记载这次重建江东桥"桥东西各有亭"。通观各种记述，可见江东桥的旧貌。全桥共 19 孔，孔的口径大小不尽相同，其中最大的孔径为 21.3 米，桥的两端各有亭，供行人小憩。江东桥最引人注目的且引以为豪的是每块石梁的重量都在 100 吨以上，其中最大的石梁长 23.7 米，宽 1.7 米，厚 1.9 米，重量为 200 余吨。江东桥建成至今已有七八百年了，历经火灾和山洪的洗礼，屡圮屡建。1933 年大修时，在老桥墩上架起钢筋混凝土桥架，改建为公路桥，桥长 285 米，高 15 米，计 25 孔，原

石桥只剩下 5 孔了。2007 年，九龙江北溪洪灾泛滥，江东桥部分被冲毁，后又全面修复。

江东桥的桥墩很有特色，上大下小，墩侧做成弧形，从远处望去宛如拱桥。这种桥墩的设计和建造是别具一格的，它既节省建筑材料，又减少了桥墩的承受力，而且美观大方，显示了我国古代桥梁设计师和建桥工匠的聪明才干。

人们站在江东桥边，眼望着柳营江两岸如刀削斧凿般的山峰，俯瞰波涛汹涌的柳营江水，更觉大桥雄伟壮观，势如长虹。此情此景，使人不由得想起前人赞美江东桥雄姿的诗词佳句："气势何雄伟，千年屹石桥。江山仍战垒，风雨送前朝。起陆龙蛇行，当失虎豺骄。鲈鱼较乡味，驻马候秋潮。"看到桥上的巨大石梁，会产生无限遐想：这样的巨石是从哪里开采来的？数百年前的人们是怎样把巨石从深山中运到这里来的？又是怎样把它架到桥墩上的？聪明的桥梁设计者和造桥工匠没有给我们留下任何答案，我们只能自己去思考、猜想、解答。有人猜想，江东桥是仿效"昭功敷庆"的办法，先将石梁各面和两端琢凿平整，然后用麻筋杂泥，混成圆柱，待晒干坚实后，用大木车运到大船筏上，再借助潮汐涨落的力量，把石梁架设在石墩上。也有人猜想，石梁是在海岛上开采的，用大木筏装载石梁，利用海潮将其运输架设到桥墩上。众说纷纭，究竟孰是孰非，尚无定论。但是，我们可以这样说，江东桥的建设者们移山架桥和传说中北山愚公的劈山开路，都是为了修筑一条通往幸福的康庄大道。虽然一为现实，一为神话，却有异曲同工之妙，都体现了中华儿女的聪明才智，都体现了中华民族改造自然的伟大力量。

江东桥别名虎渡桥。官修的《漳州府志》是这样解释的："（桥）在郡之寅方，故名虎渡。"民间传说则增添了神话色彩。始修江东桥时，有一只斑斓猛虎背负着一只活泼可爱的小虎过江，走到江中心，猛虎停下来休息。猛虎过后，有水工到猛虎休息的地方探测，发现水底为石丘，顺着石丘的走向测量，竟是一脉横贯柳营江的大石丘。人们认为这是天的意志，派老虎来指示桥的方位，于是决定沿着这脉石丘建筑桥基，修造江东桥，结果一举成功。所以，人们又将江东桥称作虎渡桥。这个神话传说在古代著作中多有记述，明朝人陈让所著《虎渡桥记》中是这样记载的：“江南桥梁，虎渡第一。昔欲为桥，有虎负子渡江，息于中流，探之有石如阜，循其脉沉石绝江，隐然若梁，乃因垒址为桥，故名虎渡。”

新中国成立后，曾对江东桥进行修葺加固，使这座阅尽人间沧桑的古石桥又焕发出新的青春活力，为祖国建设效力。

四 永春通仙桥

通仙桥是一座石墩木梁长廊屋桥，位于晋江上游的桃溪和仙溪两条小河的汇合处。这座桥建于南宋绍兴十五年（1145 年）。南宋时期正是我国东南地区经济迅猛发展的时期，这一时期，在福建省以泉州为中心，曾出现一股造桥热，这股造桥热也波及永春县。据《永春县志》记载，从南宋建炎元年到景炎三年（1127—1278 年）这一百多年间，永春县内建造了通衢上的大桥 31 座，通仙桥即为其中之一。

通仙桥长 85 米，宽 5 米，桥墩均用大青条石砌筑，呈船形。石墩下的地基是用松木叠架的，每当枯水时节，整齐的松木卧桩便清晰可见。桥墩上架设 22 根长 18 米、直径 0.3 米或 0.4 米粗的杉木大梁，梁上铺木板，桥的两边设木栏。

通仙桥从建成到现在，经历了 800 多年的风雨，多次遭到洪水破坏和兵燹，几经重修。重要的修复有以下几次。明朝弘治十三年（1500 年）重修后，又在桥上架廊屋。清朝光绪年间修复时，在桥正中设佛龛，供奉观音神像，“古通仙桥”匾额为清朝光绪时地方官翁学本手书。1963 年曾拨款修葺，更换了木梁，重铺桥板，增设雨篷，使古老的通仙桥又恢复了青春。2016 年 9 月，通仙桥因超强台风损毁，2017 年修缮完成，古桥重生，再现当年的风采。

五 福州万寿桥

万寿桥，又叫大桥，位于福州市南门外，横跨在闽江（南台江）上，是一座南北向的简支石梁桥。

万寿桥始建于北宋元祐年间，初为浮桥。南宋大诗人陆游在福州做官时，于绍兴二十八年（1158 年）曾写过一首诗——《度浮桥至南台》，诗中对当时的南台和万寿浮桥的风光赞美不已：“客中多病废登临，闻说南台试一寻。九轨徐行怒涛上，千艘横系大江心。寺楼钟鼓催昏晓，墟落云烟自古今。白发未除豪气在，醉吹横笛坐榕阴。”从陆游的诗中，我们可以知道当时的万寿桥宽九轨，每轨合古八尺，则桥宽约合今 20 米。在当时来说，这座桥的规模是相当可观的。当时，由官府备桥产 12 顷 72 亩，以每年田产的收入作为万寿桥的维修费用，这是一种独具匠心的护桥办法，充分反映了中华民族自古以来对桥梁交通的重视。

元朝大德七年（1303 年），头陀王法助奉成宗皇帝诏命，募捐钱款，将万寿浮桥改建为石梁桥，直到至治二年（1322 年）才竣工，历时 20 年，工程不可谓不大，费时不可谓不长。改建后的万寿桥长 800 米，共 46 孔，桥的中间有一中洲（小岛），中洲北面石桥为 36 孔，南面为 10 孔，每孔长约 2 米。桥的两端各建一亭，供过往行人休息。桥墩高 4~5 米，宽 3~4 米，桥墩的上下游均做成三角形分水尖，三角形略向上翘，酷似船形，这样做既增加了水的流量，又减小了水流对桥墩的冲击力，有利于排水和保护桥墩，也反映了元朝时我国高超的建桥技术水平。万寿桥宽 4.5 米，桥面两侧护以石栏，以保护过往行人和车辆的安全。桥面每孔用 2 根大石梁，

石梁上横架石板，石板长 2~3 米，厚 30~33 厘米。石梁为花岗岩，长 9~10 米，宽约 1 米，高约 1.2 米，每根石梁约重 40 吨。这么重的石梁，在 700 多年前，没有机械化的起重设备，桥梁的工程设计人员和建桥工匠们是怎样把它们架设到 4~5 米高的桥墩上的？因为没有资料记载，这已成为一个谜。万寿桥的中轴线略向上游凸出，形成一个略弯的大弧形，这是为什么？又是一个谜。有人推测说，可能是由于造桥的时候，“抛石”形成的水下石堤被水冲离直线，后来人们随弯就弯，在这大弧形的石堤上建墩造桥，迁就既成事实，不得已而为之。也有人说，这可能是万寿桥设计者别具匠心的巧妙设计，只是我们还没能认识到它的功能而已。孰是孰非，让那些对此问题有兴趣的人们去思考研究吧。

万寿桥历明清两朝，屡圮屡修。1929 年，为了通行汽车，在万寿桥这座古老的石桥上，加筑了钢筋混凝土的桥面。将石栏拆除，利用原有的石梁作模架，并在石梁外侧增加 2 根钢筋混凝土大梁，两梁之间有横梁及纵横梁联系，桥面宽约 6 米，桥面两侧设人行道，中间为车行道。1992 年，万寿桥被列为福州市文物保护单位。1994 年，由于年代久远，河床冲刷加剧，桥墩相继坍塌。1995 年进行重建，今已无复旧貌。

六 福清龙江桥和利桥

1. 龙江桥

龙江桥又名海口桥，坐落在龙江下游的福清市海口镇，横跨龙江两岸。

龙江古称螺纹江，宋朝时改称龙江。龙江从山谷中流出，到海口镇入海，像一条狂放不羁的巨龙，奔腾咆哮，常常打翻船只，阻断商旅。在宋朝福建僧人造桥的热潮中，太平寺僧人惠鄙、守恩等倡议造龙江桥，北宋政和三年（1113 年），在乡人的支持下，取弥勒岩之石，垒筑桥基，历时三年，几经艰辛，桥基始出水面，后因经费不足而中断。后来乡人林迁、林霸、陈侈出面集资，僧人妙觉等人募捐，继续建造，终于在宋宣和六年（1124 年）将桥建成。前后历时十余载，耗钱约 500 万缗。

龙江桥初名螺江桥。南宋绍兴三十年（1160 年），根据“江南沙合接龙首”的古谶语，将螺纹江更名为龙江，将螺江桥更名为龙江桥。龙江桥是一座梁式结构的石桥，全长 480 米，加上南北引桥，总长 700 多米。这座宋代古桥历尽沧桑，现在还保存有 40 孔，39 个桥墩。桥的孔径从 9 米至 13 米不等。桥墩呈舟形，高 6 米，宽为 3.3~4.4 米不等，两分水尖间长 10 米。在桥墩的顶端帽石上，平铺 6 条大石板为梁，石梁宽 0.6~0.75 米，厚 0.6~0.9 米，每条石梁重约 15 吨。在石梁上面再横铺石桥板，桥面宽 4.2~5.2 米。桥的两侧设有石栏杆。

桥西南端左右两侧各建一座七级六角的实心镇桥石塔，塔高 5 米多，塔身上浮雕有坐佛、狮子、莲花等多种图像，造型古朴生动。

据福清县志记载，龙江桥几经圮毁，几经重建，仅自明朝嘉靖二十三年（1544 年）以后的 4 个世纪中，平均每二三十年就要大修一次。清朝道光初年，遇大水，桥梁倾圮 5 孔，由县令高颂禾主持修复；道光十九年（1839 年），龙江桥又因水灾损毁，高颂禾再一次募捐修复。当时，乡里绅耆为旌表其功，曾为高颂禾立碑纪念。

福清龙江桥与漳州江东桥、泉州洛阳桥、晋江安平桥合称“福建四大古桥”。

2. 利桥

利桥，古称龙首桥，位于福清市区南门外，横跨龙江两岸，始建于北宋天圣五年（1027 年），元朝至治二年（1322 年）圮毁重修。明朝万历初年，因年久失修，又多坏损，县令许梦熊主持修葺。

利桥与县城南门相对，正对县衙，在古时为堪舆所忌。明朝万历三十四年（1606 年），当时首辅大学士叶向高之子叶成学为福清县丞，在他的倡议下，本县父老诸生向县令凌汉翀建议移桥于小孤山，即现在的利桥桥址。前后历时 10 年，耗资白银 7 000 余两，新桥始建成。

利桥为石砌墩台的石板桥，桥长 180 多米，宽 5 米，共 19 孔。跨径 6.5~11.5 米不等。桥基为木桩潜伐基础，桥墩宽 2 米，长 5.2 米，两端设分水尖。桥墩上部为双层帽石，每层两端各悬出 0.35 米。每墩每层石帽上，平排铺砌石板 13 块，石板宽 0.32~0.70 米，厚 0.33~0.40 米。

明万历三十四年，利桥迁址时，在县丞叶成学和县令凌汉翀的倡议下，于桥北岸的小丘上修了一座寺庙和一座七层八角的镇桥宝塔，今寺圮塔存。塔高 30 多米，一色青石砌造，古朴壮观。传说宝塔奠基那天，有五色祥云从太保山而来，覆盖其上，所以宝塔取名为“瑞云塔”。塔基由 8 块青石围成，状如 8 条案几脚，承托着八角形的莲花座。座上依次以长短不一的 8 块一组的青石叠架而上。飞檐八角浮雕弥勒，俯身笑迎游客，飞檐下是步廊，八面围上石栏杆。塔的一层北面开门，门的两旁各有一尊高 1.8 米、宽 0.9 米的全身披挂的门神。门楣上有一块石匾，上刻“凌霄玉柱”四个大字。塔的各层都浮雕着武士、比丘、罗汉以及花卉和飞禽走兽等图像，雕刻细腻，形象逼真。塔檐的八角上各有一尊石雕镇塔将，全塔计 56 尊。此塔造型均衡，立面纤巧，雕工精致，素享“凌霄玉柱”盛誉。据相关记载，利桥和瑞云塔都是名匠李邦达设计施工建造的。

新中国成立后，利桥石板断裂，地方政府曾拨专款进行维修。1958 年，在利桥的原石板上架设木梁，铺设木桥面。还在原 10 号桥墩的基础上改造成八字形桥台，并压缩了桥孔，成为现在的 10 孔桥。

1980 年又对利桥进行改造，在原桥上另铺设钢筋混凝土桥面，在原石墩台上加建悬挑式钢筋混凝土台帽。全桥长 90.8 米，桥面净宽 7 米，两侧各有 0.5 米安全带。经过改造后的利桥面目一新。

第五章
玉帛千丈天投虹
——西南地区古桥

我国西南地区包括重庆、四川、贵州、云南和西藏五个省级行政区。这是一片神奇的土地，早在170万年前，这里就出现了迄今所知我国境内最早的远古人类元谋猿人，后来又有资阳人等。考古资料表明，这里是远古人类的发源地和我们中华民族的诞生地之一。

这片神奇的土地物产丰富，有金、银、铜、铁、锡、铅等矿藏，还有大片的原始森林、古藤和翠竹，有孔雀、大象、熊猫等各种珍禽异兽。

在这片神奇的土地上，有平原沃野，而更突出的是崇山峻岭，巨石巉岩。在那壁立千仞的大山之间，飞流、瀑布倾泻而出，奔腾而下，形成雄关天堑。古时候各族人民为了加强与中原的政治、经济、文化联系和人员往来，用自己勤劳的双手把他们的奇思妙想化作人间彩虹，装点关山，使天堑变成通途。

在这片神奇的土地上，江河多在大山深谷之间，河道狭窄，滩险流急，浪大涛猛，难以垒石砌墩，各族人民便因地制宜，利用当地取之不尽用之不竭的藤竹等物，架设桥梁，故桥梁多为藤索桥、竹索桥和铁索桥，如珠浦桥、泸定桥等。

一 泸定桥

泸定桥是一座铁索桥（如图 5-1），位于四川省甘孜藏族自治州泸定县城西大渡河上，建成于清朝康熙四十五年（1706 年）。桥西是海子山，桥东是二郎山。泸定城的一半建在二郎山的山坡

图 5-1　泸定桥远景

上，另一半紧贴大渡河，从西面进城，必须经过泸定桥。桥的水平跨度为 100 米，铁索跨度为 101 米，桥净宽为 2.8 米，桥面距枯水位 14.5 米。

泸定桥由 13 根铁索组成，其中底索 9 根，余下的 4 根铁索均分在左右两边作栏杆。铁索平均长度为 128 米，13 根铁索重 21 吨左右，其他铁件重 19 吨，整座泸定桥共用铁 40 吨左右。

底索之间距离为 33 厘米，上面铺长 300 厘米、厚 4 厘米的横桥面板，板缝间距约 25 厘米，桥面透空，以抗风。在横板上面中间铺 4 道平行的纵向走道板，两边各两道走道板，以便人畜通行（如图 5-2）。

桥的两端为石砌桥台。桥台后面开有 4 个宽 2 米、长 5 米、深 6 米的落井。近井底部，土里有生铁铸的直径为 14~20 厘米的铁地龙桩，东桥台有 7 根，西桥台有 8 根，重 900 千克。另有直径 4 米长的桩锚 1 根，横于地龙桩之下以系铁索。桥台上建亭，一方面防止雨水流入落井，另一方面是为了启闭关卡。

图 5-2 泸定桥近景

12 根扶栏索夹紧。竖直木条又与桥面下的横木梁联结在一起，形成 U 形木框，底索就扎在横木梁上，以免松散。这样就使珠浦桥浑然一体，坚固耐用。桥的绞索设备安放在桥两端石室内的木笼中，用木绞车绞紧桥梁的底索，用大木柱绞紧扶栏索。因竹索太长，很难从两端绞紧，便在桥梁中间的石墩上增添了一套绞索设备置于石室木笼中，与两岸桥台相同。在安放绞索设备的木笼上面修建桥亭，桥亭分为两层：上层用木梁密排，装砌大石，以作重压；下层中空，以便利人行。这种设计是相当巧妙的。珠浦桥的稳定性甚好，行人过桥时摆动不大。

梁楚修造评事桥百余年后，宋代诗人范成大经过此桥，将其见闻写在他的《吴船录》中，他写道："将至青城，当再渡绳桥。桥长百二十丈，分为五架。桥之广十二绳排连之。上布竹笆，攒立大木数十于江沙中，辇石固其根。每数十木作一架，挂桥于半空，大风过之，掀举幡幡然。大略如渔人晒网，染家晾彩帛之状。又须舍舆疾步，从容则震掉不能立，同行者失色。"从范成大的记述中我们可以看到，宋时的珠浦桥，桥面是用竹笆铺成的，桥的跨度较大，还没有竖立栏杆。元明时期，珠浦桥和宋朝时没有多大变化，直到清朝嘉庆年间重修时，才加上栏杆，跨度由五架改为八架。

范成大是苏州吴江人，家乡多木石梁桥，他看到在都江堰口的宽阔江面和砂卵石河滩上建造的是多孔连续索桥，而不是他家乡那样的木石桥，很不理解。他把自己的这种心情写在他的《戏题索桥》诗中："织簟匀铺面，排绳强架空。染人高晒帛，猎户远张罿。薄薄难承雨，翻翻不受风。何时将蜀客，东下看垂虹。"他希望蜀人能到他的家乡，看看吴江地区的木石结构的垂虹桥。初到珠浦桥的人，可能也会产生和范成大同样的感想：何不将竹索桥建成木石结构的桥梁或单纯的石桥呢？究其原因，是因为江中水急浪大，不能立较大的桥墩，当地曾经建过木石梁桥，结果都失败了。杨均在《过安澜桥》诗中写道："波涛汹涌相击搏，岸阔江深惟构索。果然人巧夺天工，百丈长桥善斟酌。"可见，将珠浦桥建成较大跨度的索桥，采用较小挡水面积的木排架是古代劳动人民在长期造桥实践中积累的经验结晶，是有道理的。

珠浦桥俗称夫妻桥，这和当地广为流传的一个历史故事有关。传说明朝末年，当地官府为了防阻农民军将领张献忠的大西军，拆毁了珠浦桥。后来珠浦桥在很长一段时期内得不到修复，只好用船渡江。因江水浪大流急，经常发生船毁人亡的严重事故，即使是幸运安渡者，也免不了要遭到船家的敲诈勒索。清朝嘉庆年

间，有一位名叫何先德的私塾先生，夫妻二人无儿无女，省吃俭用，攒下一笔钱，想做点善事。何先德见往来渡江的人困难重重，便下决心修复竹索桥。他几经寒暑，详细地观察桥两岸的地势，测量了江岸间的距离，制作了桥的模型，确定了建桥的方案。之后

他一面上报官府，一面筹集建桥款项，亲自参与修桥。贪官污吏们以监造为名，贪污受贿，营私舞弊，中饱私囊，以朽材充当好料。结果，在索桥即将竣工时，一天夜里，风雨大作，索桥断毁。贪官污吏们害怕何先德揭发他们在建桥中的舞弊行为，便串通一气，找了一个借口，将何先德杀害了。这激起了民愤，乡人推举何妻续修。何娘子为了替丈夫明冤，毅然应请，决心继承丈夫的遗志，造好这座索桥。何娘子日夜苦思，按照何先德制作的桥式，加设栏

图 5-3　都江堰珠浦桥

杆，并作出模型进行试验，终于将桥建成。人们感激何先德夫妇的善举，为了纪念他们，便称这座桥为夫妻桥。这个故事在民国《何先德传碑记》中有详细记载，还被编成川剧，搬上了舞台。

珠浦桥地处交通要冲，又和举世闻名的水利工程都江堰连为

一体，更加闻名遐迩。关于珠浦桥，不仅有历代文人墨客的题咏，而且还留下了很多桥碑和石刻。

新中国成立后，在修建新都江堰时，因工程需要，将桥址下移约百米，并对珠浦桥进行了改建，以直径 25 毫米的钢丝绳替换竹索，栏杆和索锚等部分都改用钢筋混凝土柱，用绳夹固定，底锚则未予变动。经过改建，珠浦桥更加安全可靠了（如图 5–3）。

三 安南盘江桥

盘江桥又叫小葛桥，位于贵州省晴隆县城东 20 千米处，横跨在盘江之上，是一座铁索桥。建于明朝崇祯四年（1631 年），由贵州官员朱家民主持修建。

朱家民为什么要修建这座铁索桥？

明朝时安南县（今属晴隆县）位于贵州通往云南的要道上，朱家民率领军队由此去云南，被盘江所阻，盘江夹持在两山之间，水深流急，浪大涛猛，建浮桥渡河是不可能的。朱家民夜间率军乘船渡江，行至江中船翻，差点儿被淹死。他便决定仿效诸葛亮建澜沧江铁索桥之举，在这里修建一座铁索桥。

盘江桥长 120 米，用铁索 36 条，其中底索 30 条，其余 6 条均分在两边为扶栏，桥面宽 3 米多。桥面上先横铺较大的木材，再铺大木板，桥面厚约 0.3 米。桥的两端各修一座大牌坊，牌坊靠桥一边各有石狮子一对。桥面上的铁索锚在崖边石窟中的石柱或木柱上，扶栏的铁索锚定在石狮子的口中。扶栏铁索和桥底铁索用特制的细链编织在一起，形成牢固的保护网。桥的两端除牌坊、石狮外，还有祠、塔、楼阁、石牛等建筑和雕刻，东岸有"天堑云航"四字，为朱家民题，西岸有"白云深处"四字，为监军御史傅宗龙题。盘江桥雄伟壮观，富有传统的民族艺术情趣。

盘江铁索桥建成后，朱家民喜不自胜，慷慨赋诗，以为纪念："牂牁形势白云盘，山插层霄万叠寒。地险难容江立柱，神工止许铁为栏。人从蜃市楼中现，我在金鳌背上看。三载胝胼今底定，伏波铜柱照巑岏。"诗中历数盘江形势之险峻，造桥之艰难，铁索桥

之雄伟神奇，充分表达了铁索桥建成后作者的喜悦心情。

盘江铁索桥修成不久，崇祯十一年（1638 年），徐霞客到贵州旅游时路过此桥，他在《徐霞客游记·黔游日记二》中详细地记下了自己的所见所闻。盘江铁索桥“望之飘渺，然践之则屹然不动。日过牛马千百群，皆负重而趋者”。每天有千百头运输货物的牛马从桥上通过，可见盘江铁索桥在交通运输上发挥着十分重要的作用，也说明了当时内地和西南边疆的贸易十分频繁。

在清初战争中，盘江铁索桥被毁坏，只剩下 7 条铁索，修复时又补上 10 条铁索。但是，这时的盘江铁索桥已经动摇闪晃，踏在桥上，桥身吱呀作响，给人一种将要翻倒的感觉，和昔日的盘江铁索桥不可同日而语。清顺治十六年（1659 年），洪承畴和赵廷臣将盘江铁索桥改建成伸臂木梁桥，不久被洪水冲毁。康熙六年（1667 年）又重建伸臂木梁桥，康熙十九年（1680 年）木桥又被毁，康熙二十三年（1684 年）又重建木桥，康熙五十年（1711 年）木桥又塌毁，巡抚刘荫枢将木桥改建为铁索桥。桥长 28 丈（约合 93 米），由 27 条铁索组成，其中 19 条为底索，其余 8 条均分在两侧以为扶栏。如果将明代和清代盘江铁索桥的情况两相对照就会发现，清代的盘江铁索桥虽然“金碧辉煌，光景如画”，但是其规模没有明代的大，不论是长度还是宽度，都比明代短窄些。究其原因，可能是清代盘江铁索桥的桥址改变了。不过，清代重修此桥时，在河岸叠以大木，镇以巨石，参差使之成拱状，牢牢托住链板，行人得以鱼贯安稳而过，仍比以前略胜一筹。

盘江两岸山高崖陡，壁立千仞。江水碧绿，深不见底，波涛飞溅，雾气蒙蒙，又多暗礁险滩，给盘江罩上一层神秘色彩。加上古树森森，碑石兀兀，琳宫缥缈，景象更加雄伟。盘江铁索桥如长虹天降，横跨在盘江两岸，雄伟壮观，险峻无比，令人望而生畏。古往今来，文人墨客留下了许多脍炙人口的诗篇。清代诗人田雯在《索桥诗》中写道：“巧锻长绖三十六，东西穿鼻贯石腹。”清代诗人吴中蕃路过盘江铁索桥时感慨万端，欣然赋诗，他写道：“……划地千山截，缝空一线虚。纤腰溪窈窕，珊骨虹萦纡。若水同牵引，城姬异纺练。术因珠网得，想自鹊巢摅。金石交何固，钧陶理或如。綮维惊水怪，绳戏跃仙好。溅沫难为朽，奔涛自觉舒。飘飘真御气，荡荡欲持裾。乃悟柔之胜，还思动不居。昔人劳创始，万古险夷初……”诗歌热情地讴歌了盘江铁索桥构造之坚固，绝妙赞美了盘江铁索桥美观大方的造型，颂扬了劳动人民改造自然的伟大功绩。盘江铁索桥地处黔滇间交通要道，前人一向视其地为“千寻金锁横银汉，百尺丹楼跨彩凤”的黔中胜迹。

自清朝雍正六年（1728年）以后，从贵州入云南的道路改变了，盘江铁索桥便失去了往日的忙碌和繁华，因长期得不到保养和维修，铁索渐渐损坏。现今该桥早已改建为现代化的桥梁，只剩下盘江铁索桥的遗址和摩崖石刻等，供过往行人瞻仰考索，发思古之幽情。

四 永平霁虹桥

雨雪停，云雾散，天气放晴谓之“霁”。“霁虹”意为雨过天晴出彩虹，用为桥名，既美且雅。西南地区著名古桥中就有两座以“霁虹”为名的桥梁。一座在贵州省贵阳市南明河上，又名南明桥，建于明永乐二年（1404年），为九孔石拱桥。另一座霁虹桥又称兰津桥，位于云南省永平县和保山市之间，横跨在澜沧江上，是我国现存最古老的铁索桥。桥长113.4米，桥面木板宽3.7米，由18根铁索组成，两头分别固定在博南山和罗岷山的悬崖峭壁上，桥头有飞阁桥屋，桥西石崖峭壁上有历代石刻与题字，如“霁虹桥”“西南第一桥”“悬崖奇渡”等。

永平霁虹桥的历史，可以上溯到汉代。当时，今云南省西部洱海周围是一大重点开发地区，今永平县当时为博南县，其西南方隔澜沧江的保山市当时为不韦县，治所在不韦县的永昌郡，辖境大致为今大理白族自治州及哀牢山以西地区，是对外通商要地，与掸国（今我国云南、缅甸邻境）、天竺（印度）、大秦（罗马帝国）等进行铜、铁、毛织物、犀牛角、象牙、珠宝等贸易。史学界称从内地经博南，跨澜沧江到不韦，再到南亚、西亚乃至欧洲的国际交通线为第二条陆上“丝绸之路”，认为它可能比西北河西走廊一线的陆上“丝绸之路”资格还要老。这条国际交通线的地位非常重要，而永昌地区又盛产金、银、铜、铁以及琥珀、翡翠等，汉朝统治者对它十分重视。汉武帝时即征发兵农，从今永平县境博南山开凿栈道，通往兰津（澜沧江古渡口），过江直达今保山市，今博南古道尚在，长达80余千米。东汉明帝时，哀牢王求内属，汉设郡置官。

初通博南山，渡澜沧江，被征调者跋涉山川，风餐露宿，苦不堪言，乃作歌曰：“汉德广，开不宾（打开了与西南夷的通道以开发经营边疆）；度博南，越兰津；度兰仓（渡过澜沧江），为他人。”现在博南山下的一块石碑上就刻有这首《兰津之歌》全文。学者推测汉代兰津渡口的江面上已经架设了铁索桥，也有人说是蜀汉丞相诸葛亮在 225 年南征时修建了兰津铁索桥。唐朝时，兰津渡建起了竹索桥，咸通年间担任岭南西道节度使从事的樊绰著有《蛮书》，书中说澜沧江“龙尾城西第七驿有桥，即永昌也。两崖高险，水迅激，横亘大竹索为梁。上布箦（席子），箦上实板，仍通以竹屋盖桥。其穿索石孔，孔明所凿也。昔诸葛征永昌，于此筑城。今江西山上有废城遗迹及古碑犹存，亦有神祠庙存焉”。

元朝元贞元年（1295 年），兰津桥改建为木桥，并改桥名为霁虹。后来屡圮屡修，至明朝成化年间改为铁索吊桥，后来又发生倾毁事故。据郡人张志淳记载，正德元年（1506 年）冬重修此桥，“圮者、旧者、倚者、弱小不胜者，悉撤之更新焉”，次年告竣，“上覆以屋，下承以巨索而系之岩上”，基本上保持了元代规模。霁虹桥于清朝康熙二十年（1681 年）重建，光绪年间重修。

霁虹桥在奔腾咆哮的澜沧江上凌空高悬，气势极为壮观，加上年代久远，附近文物繁多，建筑物别具特色，吸引了古往今来无数的游人学者。桥的两头各有一亭和两关楼；附近宝石山上有古寺庙建筑群，元代的永固寺、明代的性华寺以及后来的金光寺、金屏寺、持待寺、清静庵等都是闻名远近的古刹；此外石碑、石刻等也引人瞩目。所以，历代文人墨客的题咏之诗、记述之文和描摹之图自然格外丰富多彩，不少题刻至今仍留存在桥西岩壁上。明朝人杭淮诗云：“桥飞江崖霁虹出，铁锁高缘不计年。”朱应登诗云：“千寻铁锁贯长桥，积翠中天石磴遥。”马继龙诗云：“沧江铁索跨长虹，鸟道从天一线通。”明后期著名文学家、状元出身的杨慎（号升庵）曾被谪戍永昌，行过霁虹桥，惊叹感怀，赋诗云：“织铁悬梯飞步惊，独立缥缈青霄平。腾蛇游雾瘴氛恶，孔雀饮江烟濑清。兰津南

渡哀牢国，蒲塞西连诸葛营。中原回首逾万里，怀古思归无限情。”

《徐霞客游记》对霁虹桥做了周密的考证，并有详细描述。《读史方舆纪要》《永昌府志》等专书中也都记述了此桥的情况。德国人许腊姆在 17 世纪绘有云南铁链桥图，注明为公元 65 年建，时当汉明帝永平八年，估计此图所绘即霁虹桥。据《中国名胜词典》等书记载，此桥被誉为世界上最早的一座铁索桥。

现在，经过多次修缮的霁虹桥横架于江上，风貌不减当年（如图 5–4），两岸的文物古迹也得到维修保护。

图 5–4　永平霁虹桥

五 成都七星桥

晋人常璩《华阳国志》记载，秦国著名水利专家李冰担任蜀郡守时（前 256—前 251 年），曾在益州（今成都市）城西面和南面的郫江（今已废弃）和检江上造了 7 座桥，仿天上北斗七星的方位设置，故有“七星桥”之合称。这 7 座桥即冲治桥、市桥、江桥、夷里桥（又名笮桥）、万里桥、长升桥、永平桥。

永平桥在城西最北端阳城门外郫江上，长升桥在城西中部宣明门外郫江上，冲治桥在城西南端章城门外郫江上。其余 4 座皆在城南：市桥位于西南石牛门外郫江上，下置镇压“水妖”的石犀；江桥位于城东南江桥门外郫江上；夷里桥（笮桥）位于市桥以南的检江上；万里桥位于江桥以南的检江上（如图 5–5）。

现在，七星桥中除了万里桥和夷里桥外，其余均因年代久远而难以查考。

1. 万里桥

万里桥是古时人们从益州城乘舟东航的启程处。史载三国时蜀汉名臣费祎出使东吴前，丞相诸葛亮于万里桥为他饯行，叹曰：“万里之道，从此始也。”唐玄宗天宝末年发生安史之乱，玄宗于天宝十五年（756 年）狼狈逃窜入蜀，八月至万里桥。玄宗问桥名，左右告诉了他，他仰天长叹道：“开元年间一行和尚曾对我说，二十年后国家有难，皇帝将远游万里之外。想必是此处了。”于是下令驻跸成都。一行是唐朝的天文学家，他预知国家将大乱，皇帝将出逃万里之外，并非因他有什么神算异技，而是从唐玄宗由明转

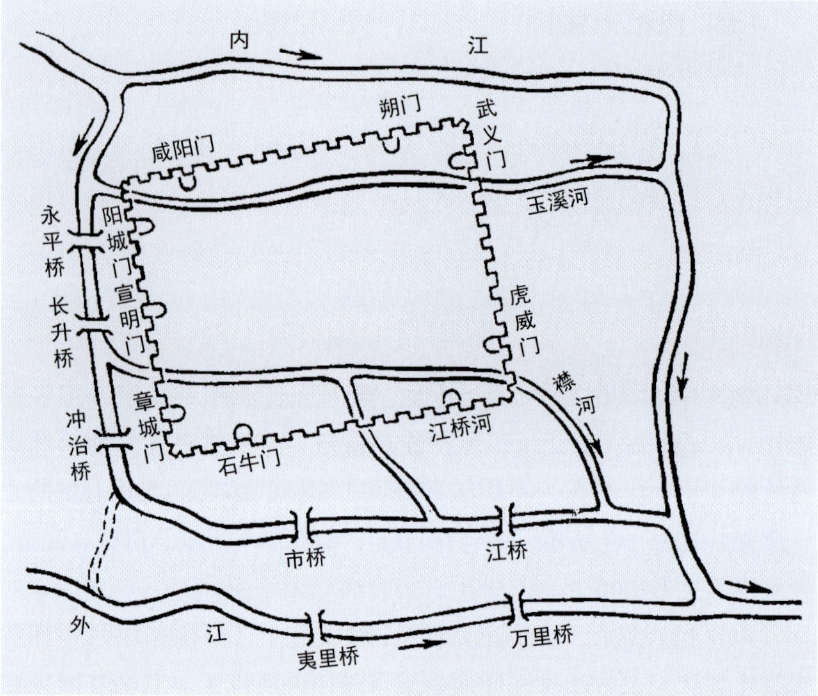

图 5-5　成都七星桥位置示意图

暗、骄纵淫逸、倒行逆施的行为中推知出来的，至于“万里之外”与“万里桥”相合不过是偶然罢了。

在唐宋时期，万里桥是成都一大名胜，许多大诗人的佳作中都曾提到过它。杜甫有“万里桥西一草堂”和“万里桥西宅，百花潭北庄”等诗句。张籍《成都曲》更有对万里桥一带美丽风光和繁华市容的描绘：“锦江近西烟水绿，新雨山头荔枝熟。万里桥边多酒家，游人爱向谁家宿？”后两句令人想象不尽。苏东坡诗云：“我欲归寻万里桥，水花风叶暮萧萧。”他是蜀人，大概多次游览万里桥，所以印象特别深刻，感觉格外亲切。陆游曾入四川宣抚使幕府，投身军旅，也留下了“雕鞍送客双流驿，银烛看花万里桥”的妙句。

清朝康熙五十年（1711 年）重建万里桥，后来又经多次修葺。当时该桥为七孔石拱桥。

20 世纪 90 年代，为了适应现代交通发展和防洪需要，对清朝时期所建的桥墩进行了完全拆除，并将万里桥移到青羊横街望仙桥处仿建，保留了五洞石拱桥的形式。在万里桥原址新修了钢筋混凝土的现代桥梁，桥面加宽了一倍多。南桥头北侧新建起一座船形大楼，好似即将起航的巨轮，这成为万里桥的标志性建筑。

2. 夷里桥

夷里桥又名笮桥，是一座竹索桥，现在已不复存在，但在史书和其他文献里还有记载。西汉王褒在他写的《益州记》中说："司马相如宅在州笮桥北百许步。"还说："市桥、笮桥，今各有一铁锥，大十许围，长六七十尺，云初营桥，引机运此锥以系桥柱，本有三，今余二。"可见市桥和笮桥都是索桥。另外，唐朝李吉甫的《元和郡县图志》称昆明"本汉定笮镇，凡言笮者，夷人于江水上置藤或竹桥，谓之笮。其定笮、大笮，皆是近水置笮桥处。"四川盛产竹，故笮桥为竹索桥。《四川通志》载："笮桥在（成都）西南四里，《晋书》永和三年，桓温攻成都，与李势战于笮桥。"可见笮桥自建成后，曾反复维修、重建，长期使用。

六 汶川铃绳桥

图 5-6 古代汶川铃绳桥图

铃绳桥原名太平桥，现在叫镇关索桥，是一座单孔竹索桥，位于四川省汶川县城北关心寺旁。这座桥最初是用竹绳修造的，绳上系铃，所以叫铃绳桥，是一座自具风格的索桥（如图 5-6）。现在它已变成一座钢索桥。

古时候的铃绳桥长 158 米，宽 2.6 米，由 22 根粗半米的竹绳组成。底绳 14 根，上铺木板。左右各用 4 根绳，旁用木栏翼之，栏杆下边有横木相扶。河的东西两岸各平立两柱，称将军柱，柱高 2 米，两柱间架一横梁，绳绕梁过，使不下坠。东西两岸各建层楼，楼下设有立柱和转柱，立柱用以系绳，转柱用以绞绳。每年按时进行修补。做桥用的竹绳是特制的。用细竹为绳索，外边裹篾索，篾索三股合为一股，做成半米粗的竹绳，这样既坚固又经久耐用。

在晴空如洗、星月交辉的晚上，天上的繁星和明月倒映在碧波粼粼的河里，随着流水跳动闪烁，两岸的行人或挑担负重或驱牛赶马，青年男女相依相伴，从铃绳桥上来来往往，谈笑声、吆喝声、呼儿唤女声，欢歌笑语，汇成巨大的声响，传出很远很远，给这寂静的小县城增添了无限的生机和活力，这一景象被誉为“横桥夜渡”，是“汶川八景”之一。

铃绳桥始建于何时，史书无明确记载。但据县志所载，清朝乾隆四十一年（1776 年），地方官奏请修复桃关戴家坪索桥，其规模“视太平桥大”，由此可知铃绳桥建桥最迟不会晚于乾隆四十一年。现在桥上的竹索已用钢丝绳代替。

七 禄丰星宿桥

星宿桥，位于云南省禄丰县城西门外，跨禄邑江上。因江水开阔，众石磊落，状如列星，故名星宿桥。又因为桥在县城西门外，当地百姓习惯上称它为西门大桥。

星宿桥是一座尖拱七孔石桥，桥长 96.5 米，宽 9.8 米，高 10 米。桥面在桥中与两端高差 65 厘米上下。两头桥墩作尖船形，桥墩宽 4.3 米，长 18 米，墩长远远超出桥面宽度，可以减小水对桥基的冲刷力，使桥梁坚固，经久耐用。实测拱跨两端孔为 9.8 米，第 2 孔和第 6 孔为 10.1 米。整座桥用红砂岩石砌成，坚实牢固，又显得雄伟气派。桥的两端各有一对宽尾石狮，蹲坐在桥头望柱上，雕刻精细，神态各异，十分威武。拱顶石上刻有图案花纹，线条刚劲有力，有浓郁的乡土情趣。桥的东端有斗拱木牌楼一座，额题“星宿桥”，右上书“道光十年岁次庚寅孟秋”，左下书“太子少保云贵总督阮元题”。西端有一座保存完好的石牌坊，形体巨大，石雕檐瓦，中嵌道光十二年（1832 年）《重修星宿桥碑记》，备述修桥始末。

星宿桥初为浮桥，《云南通志》称为“编竹架舟上”，始建于何时，史志上没有明确记载。明朝万历年间改建为石拱桥，当时只有五孔。清朝康熙至雍正年间，星宿桥曾屡圮屡建，最惨的一次是雍正五年（1727 年），星宿桥坍塌，仅剩一孔，暂时以船渡。道光五年（1825 年）士民捐资重建，改建为七孔石拱桥，于道光十一年（1831 年）才竣工，费时 6 年。我们今天见到的星宿桥就是道光时修建的，它经历了近两个世纪的风雨沧桑，仍保存完好，充分显示了我国古代桥梁工程技术人员和桥工的才能与高超技艺。

八 建水双龙桥

双龙桥位于云南省建水县城西 4 千米处，坐落在泸江和塌冲两河汇合处。因跨二水，故称双龙桥。桥长 148 米，宽 2.4 米，高约 5 米，计 17 孔，是一座尖拱石桥（如图 5–7）。

双龙桥的建筑风格很有特色，匠心独具，在国内尚属少见。桥中央处建三层飞阁一座，面阔、进深各五间，呈方形，边长 16 米，高达 20 米。上两层覆以歇山式屋顶，飞檐交错，巍峨壮丽。底层为桥身的通道，中间设佛龛，西北角有楼梯，可登高远眺。桥两端

图 5–7 建水双龙桥

各有一座桥亭，高 13 米，为八角形二层楼，与桥中央的飞阁交相辉映，极其瑰丽。

可惜的是北端桥亭已毁，桥头原有一对石像守护，现在石像也不知所踪。

双龙桥始建于清朝乾隆年间，最初跨泸江建 3 孔石拱桥，后来在道光初年又补建 14 孔石拱桥，分跨在泸江和塌冲河上，与原建的 3 孔雁齿蝉联，计 17 孔。因为是分期建筑的，所以桥拱跨度变化不一，其中 13 孔净跨为 4. 63 米，3 孔净跨为 5.80 米，1 孔净跨为 6.50 米。

桥中央飞檐阁下为一孔，桥面宽为 16. 15 米。南桥为 9 孔，北桥为 7 孔。桥栏杆用三层条石垒筑，朴素无雕饰。

双龙桥自建成以来，曾多次进行维修和重建，其中规模较大的是嘉庆二十年（1815 年）和光绪二十二年（1896 年）的两次重建。现在我们见到的双龙桥就是光绪二十二年重建的。

第六章 长虹飞集大江南

——南方其他著名古桥

秦岭—淮河一线以南的中国南方地区，主要有安徽、江苏、上海、湖北、湖南、江西、浙江、福建、台湾、广西、广东、海南等省（自治区、直辖市）。这里气候温和，土地肥沃，雨量充足，物产丰富，自东晋南朝以来就逐渐成为全国经济发达地区。这里又有海外贸易基地，“海上丝绸之路”就是从泉州等港口出发将商品运往东南亚、西亚和北非等地的。

南方水乡，河流纵横，湖泊星罗棋布，运输以舟船为主，所以，东南地区的桥梁多为驼峰陡起的石拱桥和高低相配的石梁桥。

江南桥梁多，又富有情趣，千姿百态，争奇斗胜，旖旎的自然风光和精妙的古桥雕塑相映成趣，与大自然浑然一体，使秀丽的江南水乡更添风采。徜徉在古桥边，漫步在古桥上，体味着“小桥流水人家”的诗情画意，你会觉得心旷神怡，对祖国山川之秀美和水乡地灵人杰之奇妙体会得更加深刻，更加热爱我们伟大的祖国。东南沿海地区，江河没有洪水湍流，也没有浮冰奔突；地基多是软土，承压力低，古代陆路交通以肩挑为主，桥的负荷量较轻，所以桥梁多为薄墩石桥，既省建材，又显得美观。

江苏苏州和福建泉州及其周边地区古桥丛聚，前面已设专章介绍。这里，让我们回过头来，开阔视野，再来看看南方其他地区著名古桥的风貌。

一 上海青浦放生桥

放生桥位于上海市青浦区朱家角镇东面，跨于漕港上。始建于明朝隆庆五年（1571 年），是性潮和尚募款修建的。桥旁有慈门寺和一座井亭，桥下及附近方圆 500 米之内，专为慈门寺放生之地，严禁撒网捕鱼。虔诚的佛教徒每月从大悲庵收买鱼鳖，在这里放生，故称放生桥（如图 6–1）。

放生桥长 70. 8 米，宽 5.8 米，5 孔，为上海地区最大的一座石拱桥。全桥中孔最大，两边桥孔大小依次对称递减，形成一个自然纵坡。桥墩较薄，仅有 60 厘米左右，是江南水乡典型的薄孔桥墩。

这样设计和建造是颇费匠心的，既考虑到桥下水运繁忙和泄洪的需要，也考虑到使整座桥梁形成一个较缓的纵坡，和低洼的河岸自然衔接。既方便行人上下桥，又使桥梁显得轻巧、秀丽，与江南迷人的山光水色相协调。这座桥梁的设计建造，是我国桥梁技术史上的一个重大的进步。放生桥是石台阶桥面，一边为60级，一边为52级。桥顶望柱上有四只石狮，中间还有部分望柱呈竹节形，桥顶中央是一块长160厘米、宽100厘米的雕花石板。该桥构造精致，造型美观，不仅是上海市郊最大的石拱桥，而且是“珠里（即朱家角）十景”之一，被称为“井带长虹”。昔人曾有诗赞美放生桥曰：“长桥驾彩虹，往来便市井。日中交易还，斜阳乱人影。”清代以前，过了放生桥，就到了昆山县（今江苏省昆山市）界，青浦和昆山两地农副产品的集市交流，都要经过放生桥。直到今天，放生桥两侧还是集市长街。

清朝嘉庆十九年（1814年），放生桥曾坍塌，重修时花费白银11000两。现在的放生桥就是嘉庆十九年重建的旧桥。

图6-1 青浦放生桥

二 上海地区其他著名古桥

上海市面积6340平方千米，是北京市的1/3多、天津市的1/2多，不足重庆市的十分之一，在直辖市中面积最小；而且其开发的历史只能上溯到12世纪初的北宋末年，略早于天津，而远迟于北京。但它发展迅速，是世界闻名的大城市之一。因其地处长江三角洲近海一带，西部为古太湖的组成部分，全域河港密如蛛网，故新老大小桥梁量大类多，为四大直辖市之冠。不过，因其开发历史不甚久远，又未曾扮演过大小王朝都城的角色，所以留存的著名古桥不如北京多。除前述放生桥外，尚有普济桥、云间第一桥、大仓桥等值得一看。

1. 青浦普济桥

普济桥位于放生桥西南方的金泽镇，俗称圣堂桥、紫石桥，是一座弧形单拱石桥（如图6–2）。桥石呈紫色，显得古雅而深沉。桥长26.7米，桥面宽仅2.75米，单孔跨径10.5米。此桥建于南宋咸淳元年（1265年），至今仍大体保留着宋桥的特征和结构，为江南小型宋桥实例之一，具有一定的研究价值。

这里顺便一提，到上海旅游者应该趁机去青浦区一游，因为那里文物古迹甚多，而且都很有名。除放生桥、普济桥外，主要古迹还有万寿塔，此塔建于清朝乾隆八年（1743年），方形，七层，砖木结构；东北隅的曲水园，建于乾隆十年（1745年），园中有喜雨桥等三十六景；旧青浦镇附近的青龙塔（吉云禅寺塔），

蒲塘桥始建于明代正德三年（1508年）二月，历时四年，于正德七年（1512年）竣工。建桥经费是邑人赵琪兄弟捐助的。蒲塘桥历经四五百年，曾多次重修。20世纪30年代初，曾作为公路桥使用过。后来交通量急剧增加，超过该桥荷载能力，致使蒲塘桥侧墙局部脱落，拱券横拉条石多处断裂，部分拱券及桥墩向外倾斜。现已在老桥西侧另建新桥，目前老桥已是全国重点文物保护单位。

图6-5 溧水蒲塘桥

四 绍兴八字桥

浙江绍兴是一座古老的城市，市内河道纵横，碧波粼粼，河道最多时竟有29条，总长度超过60千米，是名副其实的水乡。

图 6-6　绍兴八字桥

有河就有桥，在清朝光绪十九年（1893 年）的《绍兴府城衢路图》上，桥梁遍布全城，共有 229 座。绍兴城的桥不但数量多，而且古老，相传早在越王勾践时，就造过灵汜桥，桥址在绍兴城东 1 千米处，就是《汉书》中提到的山阴灵文园中的那座桥。现在绍兴城内的河流大量减少，一些古桥也随之被拆除了。尽管如此，现在的绍兴城内，仍然保留着一大批古桥，从宋代算起，历代的桥梁都有，各式各样，千姿百态，争奇斗胜。在绍兴城的这些古桥中，资格最老的要数八字桥了（如图 6-6）。

八字桥是研究中国桥梁史的重要实物例证，因为它的设计者们巧妙地通过一座桥解决了比较复杂的交通问题。它位于绍兴城区的东南，建于南宋宝祐四年（1256 年）前，用条石建造，跨于 3 条河流交汇处。一条主河由北向南流；另外两条小河，一条由东向西流入主河，另一条由西向东流入主河。根据实际需要，建造大小 3 个桥孔，桥孔之间做有机的联系。现在东西两条小河已淤塞不流，桥孔已经堵塞，只有南北走向的河道在通航，所以八字桥又成了一座单孔石梁桥。八字桥的石柱上，刻有“时宝祐丙辰仲冬吉日建”的字样。但是，志书上记载说“此为重建之年月”，这说明在此之前，就有此桥了，但桥的式样已无法考证。从宝祐丙辰年（1256 年）算起，此桥已有 700 多年的历史了。石梁跨径 4.5 米，桥高 5 米，石梁外侧用石梁 2 层，略向上拱弯，石梁架在桥墩边的石柱壁，石柱略向岸后仰，以增加其稳定性，桥下设有纤道。桥的东端紧沿河道，从南北两个方向落坡，桥的西端又从西和南两个方向落坡。八字桥的这种格局，既适应南去五云、北通泗门，从水路和陆路两个方面把城市和农村联系在一起的需要，同时因走向合理，在建桥过程中还可以实现不拆房屋，不改街道。这种布局看似简单，却十分巧妙，可以想见，当时的桥梁设计者们是如何煞费苦心的。

因为由南往北看，两条沿主河岸向南的踏跺好像一个“八”字，所以人们便称它为“八字桥”。《绍兴府志》说：“以两桥相对斜状如八字而得名。”八字桥以形命名，名为桥彰，做到了名实相符，表现出造桥工匠高超的技艺，也反映了中华民族悠久的桥梁文化传统。

五 湖州地区著名古桥

位于浙江省北部、太湖南岸的湖州市，是中国东南部一大文明发祥地，已发现的新石器时代文化遗址就有钱山漾、丘城、毗山等多处。湖州也是江南著名古城，从战国时代楚国政治活动家春申君黄歇在此营造菰城算起，迄今已有2200余年历史，秦代已置县，隋唐至明清或为州或为路或为府。域内土肥物饶，有“苏湖熟，天下足”之誉；又盛产丝绸、毛笔（称“湖笔”）、羽毛扇等手工业名品。自东晋南朝以来，历代文人学士中有许多人被吸引到湖州，留下了清晰的足迹。名声甚大者就有政治家谢安，文学家沈约、鲍照、凌濛初、吴承恩，诗人柳浑、丘迟、张志和、孟郊、杜牧，书法家王羲之、王献之父子，“茶圣”陆羽，画家郑板桥。大文豪苏东坡盛赞湖州“环城三十里，处处皆佳绝”。

湖州地区承蒙太湖和东、西苕溪恩泽，水网密布，港桥珠联，是江南著名水乡，也是江南古桥留存集中区，湖州城东面的南浔、双林两镇尤为突出。据史志记载，清朝道光时南浔已有桥74座，同治时增至107座，目前仍有二三十座，双林镇双林塘一地不到400米的河面上就并排着3座石拱古桥。

1. 骆驼桥

骆驼桥位于湖州市区东街，横跨霅溪之上，桥长33. 44米，宽24.5米。该桥建于唐代垂拱元年（685年），唐代大书法家颜真卿曾为骆驼桥书写桥名，镌刻桥上，后因多次重修，镌刻已失真。关于骆驼桥名字的由来，史志上记载不一，大体上有两种说法：一种说法是因为桥形像骆驼背，所以叫骆驼桥；另一种说法是，骆驼知水脉，过此处，站住不走了，以足踏地，人在骆驼踏处掘之，则得水。人们因为骆驼能够镇水，就用“骆驼”作为桥名。历史上的湖州市，骆驼桥一带景色宜人，货运繁忙，南来北往的商人多会于此，这里繁华的市容，就成为历代文人墨客笔下描绘的对象。唐代大诗人刘禹锡曾写过“骆驼桥上苹风起，鹦鹉杯中箬下春”的名句，宋代大文学家苏轼则留下了“今日骆驼桥下泊，恣看修网出银刀”的警句。从这些诗句中，我们可以想见当时茶楼酒肆中人们狂饮高歌，渔家姑娘手持刀梭织网的忙碌情形。迄今为止，骆驼桥已有1300多年的历史了，历经多次重修，它现在已是一座现代化钢筋混凝土钢架拱桥。

2. 潮音桥

潮音桥位于湖州市南街中段，横跨霅溪上，是一座三孔石拱桥（如图 6–7）。桥长 50 米，宽 5 米，共 27 级台阶，每级两石并列，所以步口特别宽，上下桥并不觉费力。桥的两端建有东西两亭，蔚为壮观。明朝嘉靖十八年（1539 年），知府魏济主持修建了此桥。明万历三十年（1602 年），桥圮毁，知府陈幼学主持重建，将东西两亭改为东西两阁，且加以层楼，巍峨高矗，两相对峙。现在我们见到的潮音桥，是清朝嘉庆年间修建的，迄今已有 200 年左右的历史了。潮音桥始建于明代，却具有现代立交桥的模式，桥的西侧次孔跨西岸河街，桥上桥下皆通行人，这在中国古桥建筑史上是一大创造，也可以说是现代立交桥的雏形。潮音桥名字的由来有两种说法：一种说法是，西天目山水浩浩荡荡奔腾而来，到湖州南郊的碧浪湖稍事休息后，穿南城进入湖州市区，湖水如海潮，流淌有声，潮音桥因此而得名；另一种说法是，潮音桥的地址原名潮音渡，以地名作桥名，所以叫潮音桥。

图 6–7 湖州潮音桥

3. 潘公桥

潘公桥位于湖州市城北，苕溪和霅溪汇合处，桥长 57.5 米，宽 6.6 米，高 9.5 米。始建于明朝万历十三年（1585 年），建成于万历十八年（1590 年），是明朝水利专家潘季驯主持修建的。潘季驯官至刑部尚书、右都御史，于万历十二年（1584 年）上书皇帝，言治张居正狱太急，并为张居正老母求情，遭言官诬蔑，说他“党庇居正”，结果“落职为民”（《明史·潘季驯传》）。潘季驯回到家乡后，见湖州北门苕溪和霅溪汇合处水流湍急，水势凶猛，民渡艰难，常有舟覆人溺之患，遂出资白银 2500 两，首倡建桥，历时五载，终于建成，如愿以偿。在修桥期间，潘季驯从选择桥址，到设计施工，事必躬亲，历尽艰难困苦。乡人为纪念潘季驯造福桑梓的建桥功绩，遂给此桥起名为“潘公桥”。

4. 通津桥

通津桥原名浔溪桥，位于旧时南浔镇中心，横跨在运河上，是一座单孔石拱桥（如图 6–8），长 28 米，宽 4 米，拱矢高 7.6 米。该桥始建于宋代，清朝嘉庆三年（1798 年）重建，咸丰五年（1855 年）整修。这座桥的设计和建造都很有特色，上下踏步各有 33 级，拱券石采用纵联分节并列砌置法，肩墙采用靴钉式砌置法，肩墙中有两对系梁相连，其中一对凿兽头。仰天石凿枭儿，桥两侧有素面栏板，桥顶栏板凿成吴王靠，供过往行人坐下休息。驼峰隆起，以便运河中舟船往来。通津桥设计合理，富有想象力，建造施工讲究，坚固壮观。桥畔是商业和农贸中心区，市屋鳞次栉比，参差错落，和水中鱼贯而过的舟楫相映成趣，形成江南水乡古镇极富诗情画意的景观。“听道当年丝价好，通津桥口贩船多”，反映了当年这里湖丝贸易兴旺的景象。

图 6–8　湖州通津桥

5. 洪济桥

洪济桥因建造时间晚于通津桥，所以又称作新桥，位于南浔镇东栅。南堍在下塘东街，北堍在东大街。清朝嘉庆十年（1805 年）重建。洪济桥为单孔石拱桥，长 28 米，宽 3.5 米，拱矢高 7.2 米，上下各有踏步 33 级，桥的两侧装素面栏板，栏板末端安抱鼓石（如图 6–9）。造法略如通津桥，设计合理，结构精巧，建造得非常坚固。每当天晴气朗，微风徐来，骄阳俯临，桥影如弓，登上桥脊，

图 6-9　湖州洪济桥

向东展望，河面开阔，波光粼粼，满河舟楫，人影晃动，百语嘈杂，一派繁忙景象。黄昏时，夕阳如血，宽广的河面上升起淡淡的薄雾，宛如一张轻纱，将河面笼罩。停靠在岸边的船上升起袅袅炊烟，灯火晃动，明灭可睹。河心行驶的货船上灯光犹如流星，一晃即逝，景色如画。人们在旅游休闲时，或于茶余饭后，登斯桥，览此美景，顿觉心旷神怡。

6. 广惠桥

广惠桥位于南浔镇南栅广惠宫前的市河上（如图 6–10）。广惠宫又称张王庙，所以广惠桥又称张王庙桥。此桥是一座单孔石拱桥，长 18 米，宽 3.3 米，拱矢高 5.3 米，上下各有台阶 24 级。始建年代已不可考，史志上只记载清同治五年（1866 年）重建。广惠桥设计巧妙，造型优美，桥的两侧镶嵌素面栏板，栏板末端装有抱鼓石，桥顶栏板间嵌 4 根石狮望柱，石狮造型凶猛，虎虎有生气。广惠桥小巧别致，倒影成环，别具匠心。桥堍有石狮一对，刻工精美熟练，线条流畅有力，形象逼真，栩栩如生。河岸遍植垂柳，建廊筑亭，在绿柳荫中，隐现着红黄色的琉璃瓦，夕阳的余晖给广惠桥下的河水镀上一层金色，景色瑰丽宜人。夏日黄昏，人们三五结伴，或在柳荫下，或在亭子里，或在游廊中，下棋聊天；或徜徉在河边，或漫步于桥上，消除一天工作学习的紧张和疲劳。这里是镇上居民理想的休息场所。

图 6–10 湖州广惠桥

7. 万元桥

万元桥位于双林镇双林塘（如图 6–11）。史书记载，万元桥在明朝嘉靖年间倭寇骚扰江浙地区时，曾被倭寇破坏，可知该桥始建时间当在此以前。清朝康熙年间为木梁桥，名福成桥。雍正八年（1730 年）木梁桥环石，改名为万元桥。道光十四年（1834 年）重建，改为石拱桥，道光二十年（1840 年）建成。桥长 51 米，宽 3.5 米，高 7 米，桥的两侧镶嵌着护桥石栏，石栏的望柱上雕有蹲着的石狮 10 对，线条流畅，形象逼真。石栏上雕刻着四副对联，其中一副是："甲地云联，双水千秋资重建；台星鼎峙，三桥一气接长天。"

图 6–11 湖州万元桥

8. 化成桥

化成桥又叫塘桥，东距万元桥 225 米，西距万魁桥 122 米，居两座桥之中。始建于元朝延祐年间，初为木梁桥，原为化成庵一僧人募化捐资建造的，故名化成桥。明朝洪武初年改为砖砌梁桥；永乐年间又改建为木梁桥；天顺二年（1458 年）重建，直到嘉靖年间，又在木梁桥上环石。以后几度重修，改为石拱桥。桥长 46 米，宽 3.4 米，高 6.6 米，桥的两侧装有护桥石栏，石栏上刻有两副对联，其中一副曰："联双水之晴虹，中流自在；起三桥之彩凤，夹道行空。"

9. 万魁桥

万魁桥初为木桥，但不知始建于何时，屡修屡圮。直到清朝康熙元年（1662 年）砌石，历时八年才竣工。乾隆五十五年（1790 年），改建为石拱桥。桥长 51 米，宽 3.2 米，高 6.8 米。桥的两边安有护桥石栏，石栏上刻有对联，其中一副云："桥卧为虹，五色云霞开晓霁；波平如镜，万年甲第耀奎文。"（如图 6–12）

图 6-12 湖州万魁桥

10. 虹桥

虹桥位于双林镇东栅。始建于元代至大元年（1308 年），初为砖桥。明代洪武十六年（1383 年），改建为石桥。清代康熙三十三年（1694 年），重建为单孔石拱桥。在晴天，日落西山，晚霞如血，映红半边天，从远处望去，在水光环照下，桥如长虹饮水，所以人们称此桥为虹桥。桥长 22. 37 米，宽 3.44 米，高 4.7 米，上下桥各有台阶 21 级。桥的两旁镶嵌素面栏板，栏板的末端安抱鼓石。桥顶栏板凿成吴王靠，供过往行人坐下休息之用，栏板间嵌望柱 12 根，桥心石凿宝相花。虹桥设计巧妙，建筑牢固适用，装饰镌刻有一种朴素美。

11. 小虹桥

小虹桥又称望月桥，因比虹桥小，故称小虹桥，建于何时史志没有详细记载。小虹桥为单孔石桥，长 15. 63 米，高 3 米，上下桥各有台阶 13 级。桥的两侧镶嵌素面栏板，栏板凿成吴王靠，供往来过桥人坐下休息之用。小虹桥和虹桥相连，一小一大，高低相就，四周槐柳参差，桑麻掩映。两桥之间有一座明朝古亭，名还金亭。据《双林镇志》载：“时有领白粮邮闸银者，归途倦息，遗金而去，镇人严素庵晨往见之，坐待其人，验而还之。”后来，参政陈良谟建亭表彰严素庵，故名还金亭。古亭在抗日战争中被日军炸毁。现在的还金亭，是湖州籍书法家费新我于 1982 年捐资重建的，亭壁上镶嵌的“还金亭”石碑系旧物。小虹桥、还金亭和虹桥一带，是双林镇的风景区，人们在休息日或日落黄昏后，多在这里散步、聊天、下棋、嬉戏。

六 余杭著名古桥

余杭区在浙江省杭州市西北部，钱塘江北岸，域内多古桥，其中最有名的是余杭通济大桥、广济桥和桂芳桥。

1. 余杭通济大桥

余杭通济大桥位于余杭区余杭镇西北，南北向，横跨苕溪之上。大桥原为三孔石拱桥，桥长 50 米，宽 8.8 米，高 9.6 米，中孔净跨为 15.4 米，两边孔净跨为 12.6 米。桥墩迎水面筑分水角 2 个，每个长 6 米，宽 2 米，上方各有溢洪洞，以备天目山山洪下来时泄洪。据史志记载，大桥始建于东汉熹平四年（175 年），名隆兴桥。后屡圮屡建，五代时吴越政权的钱武肃王再行重建，并改名为安镇桥。南宋绍兴十二年（1142 年）又重建，改名通济桥。元朝末年桥毁，明朝洪武元年（1368 年）又重建，俗呼大桥。明朝正统年间，为保障过往行人的安全，在桥的两侧镶装石柱。清朝康熙、乾隆、嘉庆年间，多次对大桥进行修葺。抗日战争前，大桥的桥面两旁建有市屋，店铺鳞次栉比，商贸繁荣，集四方商旅，日军侵占余杭时，市屋被毁。

2002 年，在保留原桥的前提下，对通济桥左岸进行扩孔，并推进上下游堤防退堤工程，目前的通济桥为六孔拱桥。

2. 广济桥

广济桥又叫通济桥、碧天桥，俗名长桥。位于余杭区塘栖镇广济路北，南北向，横跨在京杭大运河上（如图 6–13）。该桥是一座七孔连拱石桥，桥长 78.7 米，宽 5.2 米，矢高 7.75 米，上下共有 160 级台阶。中孔石拱券跨径为 15.6 米，南北各有三个相对称的拱券，跨径依次为 11.8 米、8 米、5.4 米，拱券采用纵联并列分节砌置法。广济桥造型优美，势如卧虹，雄踞在京杭大运河上，设计巧妙，结构坚固。此桥的建成，沟通了南北水陆要道，使四方商旅云集塘栖镇，促进了商品经济的发展，使塘栖镇成为明清时期江南十大名镇之一。据史志所载，广济桥建于唐代宝历、大和年间，屡圮屡建，明代弘治二年（1489 年）再重建，后又经多次整葺，至今仍完好。

3. 桂芳桥

桂芳桥原名茆桥，位于余杭区临平街道东大街，南北向，横跨在上塘河上。建于何时史志上没有记载。南宋理宗时，临平徐氏兄弟三人同登进士，人颂“一门三秀”，为乡里之荣。重建此桥时，乡里为表彰徐氏，便把桥名改为桂芳桥。据此可知此桥始建时间在宋理宗在位以前。桂芳桥构思奇妙，建筑精巧，采用了古代桥梁建筑史上并不多见的特殊造型。先在南北通道上架小桥，大桥的桥基筑于小桥之上，故俗呼“桥上桥”。这种建筑格局犹如现代的立交桥。桥的拱券内刻有题记铭文，历述元、明、清三朝修桥的年月和捐资修桥人的姓名乡里。桥上立有《重建桂芳桥碑记》，并建有造型秀丽别致的桥亭。桂芳桥为临平地区一景。

图 6–13　余杭广济桥

七 嘉兴地区著名古桥

嘉兴市地处浙江省东北部，是著名的江南鱼米之乡。早在唐代，嘉兴就成了江南的粮仓，唐人李翰在《嘉禾屯田政绩记》中称："嘉禾（嘉兴别名）一穰，江淮为之康；嘉禾一歉，江淮为之俭。"明清以来，嘉兴又成了全国著名的丝绸生产中心之一，康熙皇帝南巡路过嘉兴时曾说："蚕桑之盛，惟此一区。"这里经济发达，商业兴盛，交通以船舶为主。在纵横交错的沟河港汊上，屹立着各式各样的桥梁，其中以秋泾桥、长虹桥和国界桥最为闻名。

1. 秋泾桥

秋泾桥又叫迎春桥，位于嘉兴市区闸前街，东西向，横跨在秋泾河上。秋泾桥是单孔石拱桥，长 60 米，宽 4.8 米，净跨 20 多米，矢高 11 米，是典型的江南石拱桥。拱券的结构为纵联分节并列砌置，桥的两侧装有望柱，望柱上镶嵌石栏。秋泾桥始建年代不详，《嘉兴府志》中仅载该桥重修于明代崇祯初年，清朝嘉庆十一年（1806 年）再修。秋泾桥驼峰高耸，造型美观，体现了明清时代高度发达的造桥技术，也是历代文人骚客歌咏的对象，清代大学者朱彝尊曾写诗歌颂道："秋泾极望水平堤，历历杉青古闸西。夜半呕哑柔橹拨，亭前灯火落帆齐。"

图 6-14 嘉兴长虹桥

2. 长虹桥

长虹桥位于嘉兴市区王江泾镇一里街东南，东西走向，横跨在古运河上，是一座三孔石拱桥。桥长 72.8 米，宽 4.9 米，中孔净跨 16.2 米，两边孔净跨均为 9.3 米，中孔矢高为 12.7 米，两边孔略低于中孔，呈漫坡形，桥两堍设 57 级台阶。长虹桥是薄墩联拱结构，拱券为纵联分节并列砌筑，桥身用条石砌筑，桥身两端各有两道长条石及壁柱，壁柱上镌刻有楹联，桥的两侧装有条石栏板。桥头建有青石牌坊，记述长虹桥的兴衰历史。长虹桥始建于明朝万历年间，清朝康熙五年（1666 年）重建，后圮毁，嘉庆十七年（1812 年）再建。长虹桥宛如长虹吸水，飞架在古运河上，气势雄伟壮观，一直为人所称颂（如图 6–14）。

3. 国界桥

国界桥位于嘉兴市秀洲区洪合镇洪合村。洪合村是春秋时吴国和越国交战的古战场，也是吴越两国的分界处。在周围方圆 10 千米的范围内，人们在耕田或施工时，经常发现铁矛头、石箭头等遗物。国界桥为三孔石梁桥，长 13.2 米，宽 1.5 米，桥身上镌刻楷书“国界桥”三字。桥两边桥基上，刻有 2 尊石像，民间传说北为吴王，南为越王。国界桥始建于宋代，后屡圮屡建，现在我们见到的国界桥是清朝嘉庆十六年（1811 年）重修的。国界桥吸引了古往今来的无数文人墨客，留下很多脍炙人口的诗赋华章。清代诗人缪绥武写道：“萧疏两岸荻花齐，荒草凄迷日影西。行过野桥分国界，朔风犹听骏马嘶。”

八 义乌东江桥

东江桥又名兴济桥，当地群众称之为薛公桥，位于浙江省义乌市东 1.5 千米的东江入东阳大路上。桥长 380 米，桥高自下址至上栋为 19 米，共 7 墩 8 孔，桥上有屋 43 间。

东江桥初为浮桥，始建于何时史志上没有明确记载。南宋庆元三年（1197 年），义乌知县薛扬祖主持重修东江桥时，将浮桥改建为石墩木梁桥。县民为了纪念薛扬祖这一善举，称东江桥为薛公桥。元朝泰定二年（1325 年），东江桥被毁坏，仲文和尚募捐，在桥原址西八步处建石桥，桥长 140 米，智宏和尚募捐建桥屋。明朝成化十八年（1482 年），桥被大水冲毁，知县齐溥带头重修。墩上游作分水尖，以杀水势，墩高 15 米，宽 11 米，石墩上垒木梁六重，高出约 2.7 米。桥面上铺厚木板，木板上铺砖，建屋构亭于其上，改名为兴济桥。清朝嘉庆十五年（1810 年）重修东江桥，为一劳永逸计，在旧地将桥墩增高一倍，桥上建屋 41 间。后来，又累遭水灾兵患。光绪二十四年（1898 年）重修时，在桥墩上叠加六重伸臂木，状如喜鹊窠，桥上建屋 43 间。我们现在看到的东江桥就是光绪二十四年所建。

东江桥形的变化之多，为我国桥梁史上所罕见，也是很有特色的。东江桥不同时期的桥形变化和建筑风格，反映了不同历史时期的桥梁建筑形式规范和趋势，这对研究我国古代桥梁建筑史具有典型意义。就上述意义来说，东江桥是一座高品位的、有文物价值的古桥。

九 临海中津桥

中津桥位于浙江省临海市南门外，是一座浮桥，横跨灵江上，所以又叫灵江浮桥。始建于南宋淳熙八年（1181 年），由郡守唐仲友创建。

中津桥长 287 米，宽 5.3 米，用船 50 只，每 2 船组成 1 节，共 25 节，用缆索、地锚、锚碇等锚固设备把浮桥的所有船只联系成桥，并固定起来。桥靠近海边，受潮汐变化影响很大，唐仲友采用接活动引桥的办法，来解决潮汐引起的浮桥起伏问题，并取得了成功。这种接活动引桥的方法与现代浮桥的建造方法已十分接近，确实是难能可贵的。

唐仲友为了建好中津桥，先采用 1 : 100 的桥梁模型，在水池中进行试验，获取适应当地潮水涨落的浮桥样式后，再通过示范表演，让施工人员都了解浮桥结构的原理，然后按模型式样建造。这种坚持科学实验的精神，也是十分宝贵的。

中津桥自建成至今，已经 800 多年了，屡圮屡修，其中修建规模较大的有：南宋嘉定十五年（1222 年），由郡守齐硕主持对中津桥进行大规模的维修，更新船只、板道、勾栏，并建造了船坞。明朝正德年间重建中津桥，为了加强管理和保护，每年由政府征调桥夫 20 人轮流守桥。清朝顺治十八年（1661 年），中津桥被毁，造石桥代替浮桥，将浮桥移到上津西门外。康熙二十五年（1686 年），石桥被洪水冲垮，迁浮桥于故址。

1964 年，临海公路大桥建成后，将浮桥迁到县城西门外上津

浮桥原地。靠西门一侧浮桥下设有过船孔，可以在不拆断浮桥的情况下，使航船顺利通过，这样就将中津桥改造成了一座主体交叉式的浮桥。其具体做法是在过船孔两侧木船上，竖立木排架，高1.2米，自水平至桥面留有2.2米的净空，这样船只就可以在曲式浮桥下自由航行了。

从周文王在渭水建造浮桥，到南宋唐仲友造中津桥，其间经2300多年，全国各地建过许多浮桥，在取材、规模和结构方面都有很大的进步。但在当时像中津桥这样结构完备的浮桥，不仅在中国造桥史上，就是在世界造桥史上，也是先进的。

十 临川文昌桥

文昌桥位于江西省抚州市临川区，横跨在抚河之上。始建于南宋乾道初年，到今天已有800多年的历史了。文昌桥历经浮桥（用竹索联舟）、石梁桥及桥上建屋、石拱桥三个阶段。

文昌桥长263米，高1.3米，宽6.7米。像文昌桥这样先为浮桥后改造成永久性石拱桥的，在造桥史上不乏其例。建造浮桥及其使用的过程，也是人们熟悉水情，了解地质情况，为建造合适的桥型做准备的过程。

据史料记载，文昌桥始作浮梁，后部使者周嗣武捐资建造，用竹索联舟为桥，东西长百丈，用舟五十四艘。吕祖谦曾作文详记其事。南宋嘉泰年间，郡太守王说将浮桥改建为石梁桥，并覆屋其上。后多次遭火灾焚毁。明朝嘉靖年间，改造为石拱桥，“券石为洞，以易架木”，60年后坍塌。万历三十八年（1610年），有一位姓马的寡妇慷慨解囊，重修文昌桥。重修的文昌桥与旧桥不同，主要是去柱与板，改以石砌，缩水门之一而增高，桥上不再建屋。明代大剧作家汤显祖作记，详述这次重修情况。清朝顺治八年（1651年），临川暴雨成灾，文昌桥被山洪冲毁，仅剩西岸两墩。康熙二年（1663年），江西巡抚董卫国倡议重修，并捐资白银500两，有好义者7人响应，亦各出白银500两。重修的文昌桥有水门12洞，桥长240米，宽6米，高10米。桥面两旁翼以石栏，桥中建一亭。由史大成作记，详述这次重建始末。清朝乾隆年间多次对文昌桥进行维修，乾隆五十五年（1790年）桥被洪水冲毁，改建为浮桥。嘉庆八年（1803年），知府邱先德主持重修文昌桥，改造为石拱桥，

采用干修法以代替过去的水修法，旧桥墩“一律更新，以期永固”。嘉庆十一年（1806 年），邱先德离任，由伊明阿、秦沆继其事，直到嘉庆十四年（1809 年）才竣工。这次重修的文昌桥长 263 米，高 1.3 米，宽 6.7 米，设 12 洞，桥的质量大大提高了。

这次重修文昌桥后有人写成《文昌桥志》，全书共八卷，分别为姓氏、建置、星象、水道、条规、工程、艺文、公牍，并附有县捐公费。姓氏卷记录建桥有功人员，建置卷记录文昌桥从堰、渡、木桥到拱桥的演变历史，条规卷记录修桥时的管理制度、集款、开支、采料及考功等，工程卷记载这次重修文昌桥的施工过程。像这样详细记述某一桥梁工程的专著，在我国桥梁建筑史上并不多见，它为建桥事业提供了许多宝贵的可供借鉴的数据和其他资料。

中华人民共和国成立后，该桥修复为公路桥，并曾易名为解放桥。2002 年，当地政府重修大桥，使其更加坚固美观。

十一 南城万年桥

万年桥位于江西省南城县城东北 3 千米的歇洋渡，横跨在盱江上，下临武岗潭。万年桥桥长 410 米，宽 5.8 米，高 20 米，共有 23 孔，为联拱石桥。

南宋咸淳七年（1271 年），武学教谕武兰涂建浮桥，时人黄雩作《万年桥记》，详述其事。明朝崇祯八年（1635 年），巡道副使吴麟瑞首倡募捐建石桥，举邑人邓允淳、崔元登负责督造，直到清朝顺治四年（1647 年）才建成石桥。不论从时间之长，还是工程之大、桥梁之长等方面来看，此桥都是江西东部各地诸桥之冠。张世经曾作记，记述建桥始末。雍正二年（1724 年），石桥圮坏，知府李朝柱主持对石桥进行修复，并刻碑记其事。乾隆年间，又圮两瓮，前知府李朝柱等捐资修筑。邑人梅之珩作记，颂其功德。光绪十三年（1887 年），暴雨成灾，石桥被洪水冲坏五瓮。知府玉春、知县洪汝濂、士绅谢甘棠等主持修复，由谢甘棠具体负责施工事项。竣工后，谢甘棠作《万年桥志》一书，叙述募捐、组织施工等甚详。

《万年桥志》在记述施工方法和过程时说，先作围堰，围堰是用竹片做成竹笼，内填沙土，垒成方形，作为第一道防水设备。然后，在围堰之内打捞清理基底。清理完毕，再在围堰内做“柜”，即用木料做笼架，插以木板，较墩身略大，内外两层，中填沙土，就是木板桩沙土围堰，作为第二道防水设备。做好这两道围堰后，一方面在柜内爬沙，爬沙要用特制的“铁耖”，形状如现在的挖泥斗；另一方面用水车车水，因为围堰内是柜，柜内才是桥墩正式施

工的地方，这样可以将柜内的水抽干。柜外堰内的水抽掉一半左右，双层围堰承受递减的水压。在当时没有强力抽水机和钢板桩的情况下，这种做法是聪明且适用的。爬沙抽水后，就在柜内砌石作墩脚。这时，柜内河底可以直视，安放石料也是在正常的情况下进行的，不需在水下作业。桥墩前端作分水尖，桥墩砌出水面后，搭架砌筑拱券。

《万年桥志》中的日记部分，除了记载修桥时遇到的技术问题外，还记述了修桥过程中最困难的人事问题。如包工人员的偷工减料、材料被盗、募捐修桥经费时被人诽谤等，现在读来也令人感慨，敬佩他们勇于克服困难的大无畏精神。

抗日战争时，万年桥被日寇破坏三孔，后又坍塌一孔，后来，第十八号桥墩发生沉斜，共计五孔需要修复。1953 年按照原式修复，1954 年竣工。因为石料开采困难，五孔中有两孔因石料不敷用而采用混凝土代替。在这次维修过程中，全部桥面都加做了带防水层的钢筋混凝土桥面和混凝土栏杆。桥身用洋灰浆勾缝，以防雨水侵蚀。维修后的万年桥，有如枯树发新芽，面目一新，又重现出昔日的风采，很像一座新建的公路石拱桥（如图 6-15）。

图 6-15　江西南城万年桥

十二 咸宁汀泗桥

汀泗桥原名丁四桥，位于湖北省咸宁市汀泗桥镇汀泗河上，是一座三孔石拱桥，全长 31.2 米。桥的结构谨严、结实，历经 1931 年和 1954 年的特大洪水，仍完好无损。始建于南宋淳祐七年（1247 年），后屡圮屡修。有明确记载的一次重修，是三百年后，明朝嘉靖二十六年（1547 年），因桥坍塌，僧人缘善募捐重建。

关于桥名的来历，据民间传说，在很久很久以前，有一位叫丁四的小商人以卖鞋为业，他平时省吃俭用，积攒了一些钱，为了造福桑梓，多有善举，修了这座石拱桥。人们为了感谢和纪念他，就把这座桥叫作丁四桥。

汀泗桥还因第一次国内革命战争中的一次著名战斗而名垂史册。1926 年 8 月中旬，国民革命军占领湖南平江、岳阳后，迅速向湖北挺进，兵锋直指北洋军阀吴佩孚的老巢武汉。吴佩孚集中其主力部队，扼守军事要隘汀泗桥。汀泗桥位于粤汉铁路上，形势险要，两面环水，背后靠山，易守难攻。吴佩孚为了就近指挥，把他的前敌指挥部迁到咸宁的贺胜桥，妄图凭借汀泗桥的天险，和国民革命军决一死战。8 月 26 日国民革命军第四军向汀泗桥发起总攻，遭到吴佩孚军的顽强狙击，激战一天，进展不大。当时，吴佩孚亲临战场督战，下令：只准前进，不许后退，违令者，格杀勿论。两军拼死苦战，战斗异常激烈，双方伤亡都很大。第二天拂晓，国民革命军调来号称“铁军”的叶挺独立团增援。叶挺独立团以当地农民为向导，从山后的羊肠小道上，穿越悬崖峭壁，登上了后山，控制了敌军阵地的制高点，并迅速插入敌阵，击溃了敌军，占领了汀泗桥。吴佩孚想控制军心，稳住阵脚，连杀九名临阵脱逃的营长和团长，仍无法挽回败局。汀泗桥战役的胜利，为国民革命军直取武汉奠定了基础。

汀泗桥十分坚固，历经数百年风雨仍屹立不倒。近年来，咸宁市政府对其进行维护修复，为保持其历史原貌做出不懈努力（如图 6-16）。

图 6-16　咸宁汀泗桥

十三 醴陵渌江桥

渌江桥位于湖南省醴陵市城南，跨渌水上，是一座多孔连续的伸臂桥，为石墩木梁结构。

桥长约203米，宽5.3米。桥下的渌江发源于江西省杨岐山，西流到湖南省醴陵市，江水清澄碧绿，江中的紫白碎石粲粲可数。

渌江桥始建于南宋乾道年间，原为浮桥。南宋宝祐年间，知县家遇主持修建，当时桥为桩基石墩，木伸臂梁。《醴陵县志》载："有宋时，邑之好义者椓大木为杙于潭底，而累碕石（石条）于杙上，为墩七。雁齿挤排，架木成梁。"自始建到现在，历经800余年，渌江桥饱经沧桑与忧患，桥墩多次被冲倒，木梁多次被火焚，屡圮屡修，其中有几次重要的修建。元朝至正五年（1345年）重建，名至正桥。明朝正统九年（1444年）重修时，桥长167米，宽5.3米，5墩6孔，桥墩上架木5层。明朝崇祯五年（1632年）在旧址重建时，将江中5个桥墩改为7个桥墩。清朝康熙五十九年（1720年）重修时，全县募捐，户户出钱。桥墩与桥墩间疏密不一，间距大的约20米。桥墩间距因水深、水的流向和水的流速不同而距离不等。所以，即便是由宋朝时的6孔改为8孔，其最大桥孔的跨度也未能缩小。一般来说，10米左右的悬孔，木梁变形较大。清朝乾隆三十二年（1767年）重修后，丁宗懋的《渌江桥记》中就提到了这一问题："顾此桥之所苦者，每墩相距中空五丈至七丈不等。即木之大者，首尾仅几，墩石中间，软弱不支，故易败。公乃采大木，缚三为一，贯以铁钉。每墩先布纵木十余株，咸长出墩三四尺，如檐霤状。乃

衬以横木，一纵一横，逐层斗阁，至二十余层，乃架桥梁焉。故墩之宽者，式渐狭，而梁之柔者，亦劲矣。”这里采用了铁木组合的加劲木梁。后来渌江桥的伸臂梁的下部，又加了支撑在石墩身上的斜撑。1928 年，渌江桥改建为十孔联拱石桥。

渌江桥原先曾建桥屋。明朝成化九年（1473 年）重修时，复筑连屋。明朝万历三十四年（1606 年）重建时，“覆屋百间，以利贸易，中竖一楼，以真武之神栖焉”。后来历朝历代多有装饰，“张其檐牙，鲜其碧绿青黄，固其重门扃钥”“左右置栏楯，加丹垩”等。清朝时，“覆以板亭，构合面店房数十间，两壁置雨板、罘罳，下环栏槛，极坚且致。居人住桥上，巷市中空胡同，与阛阓通往来，行旅不觉其为桥也”。可见渌江桥是一座很有特色的桥，在它 800 多年的历史上，曾有过辉煌时代，曾是当地的集市贸易中心，很是红火。现在，渌江桥则被列为全国重点文物保护单位。

十四 潮州湘子桥

湘子桥原名济川桥，后改名广济桥，位于广东省潮州古城东门外，横跨在韩江上（如图 6–17）。此桥始建于南宋，是我国古代梁桥和浮桥相结合的桥梁典型。

全桥长 517 米，桥面宽约 5 米，石梁最大的高 1.2 米，宽 1 米，长 15 米，重量可达 50 吨。浮桥可以开合。湘子桥分为东西两段：西段 10 墩 9 孔（已淤没 2 墩 2 孔），长 137.3 米；东段 13 墩 12 孔，长 283.35 米；中间空 97.3 米，由 24 只木船搭成浮桥相连。西段始建于南宋乾道六年（1170 年），完成于宝庆二年（1226 年），历时 56 年始建成。东段始建于南宋绍熙元年（1190 年），完成于开禧二年（1206 年），历时 16 年。全桥建成后，名济川桥。明朝宣德十年（1435 年）重修，更名为广济桥。

湘子桥自建成以来，经宋、元、明、清，历时近 800 年。这期间，因水灾、飓风、地震等自然灾害以及火灾和战争等人为灾害，时毁时修。据《海阳县志》和《广济桥考》的记载，较大的修建活动多达 24 次，其中重要的有：明宣德十年（1435 年）知府王源主持重修；明弘治年间，桥被水冲毁，进行重修，在桥墩上建亭 20 间，部分被折断的石梁换成了木梁；明正德八年（1513 年）重修，增建一个桥墩，撤去浮舟 6 只，便成了“十八梭船廿四洲”了，同时将木梁换成石梁；明嘉靖年间，增建桥东西两亭；明崇祯十一年（1638 年），桥上发生大火灾，石梁断折，桥上百年楼阁都被烧毁；清朝时顺治、康熙和道光年间，又多次遭到天灾人祸的袭击，虽屡经修复，却不能恢复其本来面貌，现存东岸各桥墩即为道光年间修复遗物。当地广泛流传的一首民谣说："潮州湘桥好风流，十八梭船廿四洲。廿四楼台廿四样，两只铁牛一只溜。"1958 年，对湘子桥进行了大规模的改建，除了加固古代的旧桥墩外，又新建了 19 孔预制钢筋混凝土"T"形梁，中间原浮桥部分拆除了梭船，增建 3 孔钢桁架及 2 个高桩承台式桥梁，使之成为直通大桥，面貌焕然一新。1976 年 12 月，又对湘子桥进行扩建，使原来 7 米宽的桥面全部作为车行道，在桥的两侧各拓宽 2 米作为人行道。

唐代韩愈做潮州刺史时，曾在韩江祭鳄鱼，所以韩江又称鳄溪。韩愈曾写诗给他的侄孙韩湘："知汝远来应有意，好收吾骨瘴江边。"传说韩湘后来成了神仙，即"八仙"中的韩湘子。因为广济桥年代久远，规模宏伟，工程量大，建造艰难，为人力所难做到，又有关于韩湘书"洪水止此"石碑于桥畔的传说，所以人们就附会此桥为韩湘子所造，称之为湘子桥。湘子桥是我国早期的开合桥梁，中间

的浮桥可以开合。为什么要建成开合式呢？主要原因有三：第一，潮州位于韩江中游，韩江的上游水急滩多，每年春夏水量充沛，加上潮汐影响，中流湍急，江中心不能建桥墩，故设舟二十四只以为浮桥。第二，湘子桥各桥墩的宽度加在一起达 207 米，占全桥长度的 40%，为保证桥的排洪能力，就在桥的中间部分采用了可以开合的浮桥。第三，建成开合式桥梁，能够通大船，排放大木筏。潮州当时是水陆交通要道，大型海船可由汕头过湘子桥直达韩江上游大埔，韩江上游的宽阔修长的大木排则可顺流而下，穿过湘子桥入海。据《海阳县志》记载，明朝嘉靖年间，“岁佥桥夫四十名，渡夫十名，以司典守”。湘子桥上设桥夫和渡夫来管理桥务，其中一项重要职责，就是开启浮桥和随着水位涨落调节浮船的高低。如遇艨艟巨舰过桥，或有大木排顺流而下，便将浮桥解开，以利通航。

古代湘子桥的桥市久负盛名，到过湘子桥市的文人墨客多有

图 6-17 潮州湘子桥

诗赋留念，史志也有详细的记载和描绘。清朝人曾廷兰路过湘子桥时，写了这样一首诗："韩江江水水东流，莫讶扬州景不同。吹角城头新月白，卖鱼市上脸灯红。猜拳疍艇犹呼酒，挂席盐船恰驶风。二十四桥凝目处，往来人在图画中。"作者把湘子桥市的繁荣热闹情景和繁华的扬州相提并论，形象地描绘出桥市的热闹场面。湘子桥上从早到晚人来人往，买卖喧闹，桥上店铺鳞次栉比，铺面一个挨一个，各种小吃热气腾腾，香气扑鼻。江风中飘荡着各色招揽生意的旗幡挂帘，猎猎作响。耸立在桥墩上的高楼亭阁，是官商巨贾和当地豪绅饮酒作乐的地方。岸边停泊着达官贵人的官船和富商大贾的画船，远处是以江为家的水上人家的小舟，"依岸千家网，连天一叶艖"。夜里，桥上灯火通明，远远望去，像一条火龙。形成湘子桥市的原因有以下几方面。首先是因为湘子桥位于韩江中游，地处粤东的交通要道，是粤东与福建、浙江、江西经济往来的必经之路，加上潮汕地区物产丰富，湘子桥便成了粤、闽、浙、赣四省的货物集散地和转运的重要枢纽。另一方面，湘子桥的建筑本身也为桥市的发展提供了有利的条件。湘子桥地处潮州府东门外，是市郊墟市的最佳选址，该桥的桥墩之大，是古桥中仅见的。宽大的桥墩使桥面宽阔，除了能满足当时的交通运输需要外，还有条件在桥上兴建楼台亭阁，几乎所有的桥墩上都有高楼。桥上木屋鳞次栉比，楼阁相对，八方商贩往来，四海货物汇集，使湘子桥市的繁荣经久不衰。初到湘子桥的客商，走在熙熙攘攘的桥市上，置身于密密麻麻的店铺中，连咆哮的涛声都很难听到，广阔的江面也很难看见，难怪当地流传着这样一句笑话："到了湘桥问湘桥。"真是"不识庐山真面目，只缘身在此山中"啊！

湘子桥以花岗岩石块卯榫砌成桥墩，又是中国最早的一座开关活动式大石桥，因此成为我国桥梁建筑史上的珍贵遗产。明朝时，桥墩上有24座形式不同的望楼，现已圮毁；清朝时，浮桥两端石墩上有两只铁牛，牛背镌刻"镇桥御水"四字，也已不存。1980年，重铸了一只铁牛，置于桥上。

十五 程阳风雨桥

桥上架屋，叫作“桥屋”。桥屋有压重、防腐、为行人提供休憩观赏处所等功用，并可为桥增色，所以中国大部分伸臂木梁桥都建有桥屋。其中广西壮族自治区三江侗族自治县的程阳风雨桥便是一座以壮丽桥屋闻名天下的多跨双伸臂石墩木梁桥。

程阳桥本名永济桥，或称风雨桥，位于广西壮族自治区三江侗族自治县城北 20 千米的程阳村，横跨林溪河，建于 1916 年，迄今已过百年。在此桥附近，还有广西侗族地区最大最有代表性的一座鼓楼——马胖鼓楼。桥与楼都是研究侗族社会生活和建筑艺术的极有价值的文物。

程阳桥全长 76 米，四孔五墩，每孔跨 22. 88 米，净跨 14.2 米，桥宽 3.4 米，高 10.6 米。桥的正梁由数根连排杉木分上下两层叠合而成，犹如古代建筑中的斗拱一样，两边层层向河中挑出，在桥中间相接，上面铺板、竖柱、盖瓦，构成一条长廊式过道，故又称作“廊桥”。桥面用木板，上面铺石板。石砌桥墩，上下游设分水尖。每座桥墩上都建有一座五层楼阁，中央一座高 10 余米，为八角攒尖顶，两边为四角攒尖顶，再两边为殿形楼阁，共五座楼阁。这些富有侗族民族特色的塔形、殿形阁，阁檐层层向上翘起，如鸟儿展翅欲飞（如图 6–18）。

在桥楼和桥廊的板壁上，雕刻着许多精美的侗族图案。长廊和楼阁的瓦檐上、柱头上，雕刻着龙、凤和花草等，形象逼真，栩栩如生，远远望去，既雄伟壮观又富丽堂皇。长廊两旁设有长凳，如同游廊一样，供行人观赏、休息和避风雨，所以这种桥又叫风雨桥。

图 6-18 程阳风雨桥

广西侗族人民善于建造桥梁，为了方便行人，在村前寨后的河流小溪上都建有桥梁。侗族人民高超的建桥技巧和完美的造型艺术久负盛名，程阳桥就是侗族人民造桥技艺的杰出代表作品。

程阳桥的特点是桥梁、桥面、栏杆、楼阁、屋顶都用三江侗族自治县盛产的杉木制作，整座桥没用一颗钉子和一个铁件，所有木构件都用榫卯巧妙连接。斜穿直套，犬牙交错，钩心斗角，制作精细，结构谨严，构件之间的联结十分牢固。这是侗族建筑的一大特色，这种特色不单单表现在桥梁建筑上，就连建筑住宅、凉亭、鼓楼等，也都不用一颗钉、一把泥，全部用杉木结构组成，既美观

典雅又坚固耐用。

人们站在程阳桥下或走在桥上，在欣赏着桥上优美的图画和玲珑的雕刻时，自然会发出这样的疑问：侗族人民为什么要在桥上建桥屋呢？

这是因为程阳桥净跨达14.2米，正梁不够长，桥工们就在桥墩上放置逐层伸长的杉木，为墩柱挑梁，使正梁架在挑梁上，这样正梁就够长了。挑梁是以桥墩为支撑点的杠杆，五座桥楼各自起着重力平衡的作用，使负载近10万千克重的正梁安然不动。再者，广西地处南方，雨水充沛，在木梁桥上造屋，既能供远行的人在此歇脚避雨，又能防止雨水渗入木桥导致木梁腐朽，起到保护桥梁的作用。同时，这种别具匠心的人工创造，又给秀美的山水环境增添了许多诗情画意。程阳桥这种将功能和装饰有机结合在一起的表现形式，是我国古代桥梁艺术上的一大优点，也充分地体现了侗族人民的勤劳有为和聪明才干。

郭沫若先生曾写诗赞美程阳桥：“艳说林溪风雨桥，桥长廿丈四寻高。重瓴联阁怡神巧，列砥横流入望遥。竹木一身坚胜铁，茶林万载茁新苗。何时得上三江道，学把犁锄事体劳。”

第七章
采石凝结如天成
——园林山水古桥

我国园林不仅历史悠久，而且独树一帜，其基本特点是：在有限的空间之内，典型化地吞纳了山川形胜，祖法自然，无人工造作之嫌。诚如明朝人计成在《园冶》书中所说：“多方胜景，咫尺山林……虽由人作，宛似天开。”

在那些鬼斧神工、宛如天成的园林中，点缀着亭台楼阁、山水树木、奇花异草，并多有珍禽异兽。有园则有水，有水则有桥，这好像是我国园林建筑的一条法则，可见桥在我国园林建筑中是必不可少的。桥不仅起交通作用，而且本身也是园林中的一大景观，与园中诸景互相映衬，相得益彰。早在南北朝时期，南朝陈文学家江总就在他的《玄圃石室铭》中谈到了亭、桥和水的关系：“远跨飞梁，俯临倒景（影）……映日分晖，摇风共影。岫浓翠合，林虚桂静。”亭可以建在桥上，也可以建在桥旁，亭、桥与水组合成一体，有动有静。在水面上映着美丽的亭和桥的倒影，再配上水莲花、芦荻、蒲苇等，形成一幅天然的水墨画，令人赏心悦目，其乐陶陶。

我国园林中的桥千姿万态，往往因地制宜，借景生辉。最简单的桥是踏步桥，这种桥离水面近，步履之间，疏密得宜，虽然不用涉水，但仍难免有时会溅湿鞋袜，使人左顾右盼，略带几分警惕，增添很多情趣。但是，最常见的还是石板小桥，一般园林中，水面并不广阔，石板小桥既可解决跨水问题，又可联络园中各景。最有情趣的是曲桥，曲桥的变化，可以使较小的水面变得开阔，而且人在桥上从不同的角度去观赏园中的景观会产生一种变化无穷的感觉。

我国的一些名山大川集造化之妙，成天然形胜，其中也有天生桥。为了便利游人交通，在一些游览胜地也架设一些桥。有时，人工桥被大自然认同，与自然景观浑然一体，无斧凿之感，巧夺天工；有时，人工桥本身就奇妙得很，为名山大川增加一处优雅秀美的景观，如庐山的三峡桥、苍岩山的桥楼殿。

一 紫禁城里的古桥

紫禁城，又称故宫，位于北京市的中心，是明清两朝的皇宫，是我国现存最大最完整的古建筑群。古代用紫微垣（星座名）来比喻帝王宫殿，秦汉时代又称皇帝居住的地方为“禁中”，意思是门户有禁，不许随便入内，所以又把故宫称为紫禁城。

紫禁城于明朝永乐十八年（1420 年）基本建成，迄今已有 600 多年的历史了。它以南京的宫殿为蓝本，沿用元朝大内的旧址，并从北向南移了近 400 米，共占地 72 万平方米，有屋宇 9 000 多间，四周筑有长约 3 400 米的宫墙，四角矗立着风格绮丽的角楼，宫墙外环绕着宽 52 米的护城河，形成一个壁垒森严的城堡。

1. 金水桥

金水桥是用汉白玉建筑的石拱桥，因横跨在金水河上，故称金水桥。金水桥共有 12 座，分为外金水桥和内金水桥。外金水桥 7 座，其中天安门城楼下 5 座、太庙和社稷坛前各一座，本书第一章已经述及。内金水桥 5 座，位于太和门前广场，为单孔拱券式（如图 7–1）。

图 7–1 故宫内金水桥

金水桥造型秀美，两边的汉白玉石栏上的档板和望柱上雕刻着各种精美的图案。洁白晶莹的金水桥，宛如条条玉带，和紫禁城巍峨的天安门城楼、午门城楼、金碧辉煌的太和殿、石狮、华表相映成趣，显得端庄壮丽，引人入胜。

2. 断虹桥

断虹桥位于故宫西华门里武英殿东侧，横跨金水河上，是一座单孔石桥，桥身、望柱和栏板都是用汉白玉砌筑的，光亮晶莹（如图 7–2）。栏板上雕刻着飞舞腾翔的双龙、跑龙和各种花叶图案，刀工老到细腻。望柱上的石狮更是千姿百态，栩栩如生：有的目不转睛地注视着桥面；有的在侧首倾听桥下的流水声；有的两相注目，窃窃私语；有的举起前爪，向游人招手致意。更令人赞叹不已的是那些母子狮像：有的小狮子趴在大狮子身上，有的小狮子躺在大狮子怀里，有的小狮子仰卧在大狮子脚下，尽显母子情深，活泼可爱。

断虹桥上的石雕不但造型生动逼真，而且刀法纯熟自然，石料上乘，在国内石桥建筑中都属少见。传说，因为这些狮子雕刻得过于逼真，太监们怕吓坏了皇后、嫔妃，惊了驾，不得不把一些狮子用黄布套起来。

图 7–2　北京故宫内断虹桥

二 北海公园里的古桥

北海公园位于北京市西城区故宫西北，面积 70 多万平方米，过去是规模宏伟的古代帝王宫苑，1925 年辟为公园。宫苑的布局深受江南园林的影响，但是并不失北方园林的端庄大方。宫苑以琼岛为中心，南面的寺院依山势排列，直到山麓的牌坊，一桥横跨，与团城的承光殿相连，气势贯通，彼此呼应，融为一体。北面从山顶到山麓，在幽静深邃的山石林木之间，楼亭馆榭错落有致，若隐若现，变化无穷，令人目不暇接。山下是傍水环岛而建的半圆形游廊，西接分凉阁，东连倚晴楼，曲折回环，意趣盎然，虽为人工所成，却与山水浑然一体，毫无斧凿之感。

金朝始以北京为都，在此兴建离宫别馆、水榭亭台，称大宁宫。元朝以北京为都城，称大都，以琼华岛的海子为中心，广修宫殿，建成一座禁苑。北海中心的山称万寿山（也叫万岁山、白塔山），水域称太液池，在万寿山的顶部和山腰兴建广寒宫和仁智殿。明朝在太液池北岸修筑五龙亭。清朝乾隆时，又大兴土木，在太液池北岸先后修建了先蚕坛、阐福寺、西天梵境、万佛楼、小西天、澂观堂、静心斋等建筑，整体上具备了今天的北海公园的规模。

北海公园里，水的面积约占全园面积的 60%，琼华岛与岸之间，岸与岸之间，楼台亭榭之间，都以桥相连通。北海公园里最著名的桥梁，当属金鳌玉蝀桥和堆云积翠桥。

1. 金鳌玉蝀桥

金鳌玉蝀桥原名金海桥、御河桥，现称北海大桥。横跨北海和中海水面，是一座七孔石拱桥。金鳌玉蝀桥原为九孔，中心孔券面上有浮雕兽头。中桥洞有石刻，南向石刻曰“银潢作峤”，左右联曰“玉宇琼楼天上下，方壶圆峤水中央”；北向石刻曰“紫海回澜”，左右联曰“绣毂纹开环月珥，锦澜漪皱焕霞标”。桥东桥西，原各有一座明世宗所建牌坊，西面的牌坊名金鳌，东面的牌坊叫玉蛛。望柱的两边装有栏板，望柱有平顶方形覆莲柱头。桥面、栏板和望柱都是汉白玉的，雕工细致，整座桥身犹如一条玉带，剔透玲珑，洁白无瑕，衬上两端金碧辉煌的牌楼，更显得富丽堂皇。董谷在《玉蛛桥诗》中写道：“正爱湖光澄素练，却看人影度长虹。宫墙睥睨斜临碧，水殿罘罳远映红。宛转银河横象纬，依稀太液动秋风。西华门外尘如海，一入天街迥不同。”

1956年，为使这座园林古桥更适应新的需要，对金鳌玉蛛桥进行改建，桥面拓宽至34米，桥身由9孔改为7孔。其后，又把石栏改成铁栏杆，桥面开阔舒展，美丽的风光依然如故。

2. 堆云积翠桥

堆云积翠桥又名永安桥。这是一座三孔石拱桥，呈曲尺形，坡度平缓，桥面铺条石，桥的两侧装有雕刻精美的汉白玉栏板和望柱（如图 7–3）。这座桥是连接白塔山（万寿山）和北海南岸的通道。

堆云积翠桥的南北两端，各建一座四柱三楼式的木牌坊，绿筒瓦顶，朱红色圆柱，耀眼夺目。木牌坊心精工细雕蓝底金字题额，北面为“堆云”，南面为“积翠”。木牌坊前各有一对石狮，工艺精美，姿势雄伟，栩栩如生，极尽匠心。

图 7–3　北京北海堆云积翠桥

三 颐和园里的古桥

颐和园位于北京西郊海淀区，是我国著名的古典园林，也是清朝皇帝的行宫花园，享誉海内外。其前身是清漪园，清朝乾隆十五年（1750 年），乾隆皇帝为祝贺其母六十大寿而建。咸丰十年（1860 年）被英法联军破坏。光绪十四年（1888 年），慈禧太后挪用海军经费重建，取“颐养冲和”之意，改清漪园为颐和园。

颐和园主要由“一山一水”组成，“一山”即万寿山，“一水”为昆明湖。前人有诗曰：“何处燕山最畅情，无双风月属昆明。”昆明湖面积达 200 公顷，占整个颐和园的 3/4。湖中有小岛、石舫、长堤，堤上有桥，各种景点错落有致，相映成趣，极尽匠心。昆明湖和北京西山的峰峦叠翠、玉泉山的朦胧塔影相辅相成，构成一幅水墨山水画图。

颐和园昆明湖西岸，称为西堤，是乾隆时仿杭州西湖苏堤建造的。堤上有六桥：界湖桥、豳风桥、玉带桥、镜桥、练桥、柳桥，全称“西堤六桥”。其中以玉带桥最为著名，为游人所津津乐道。

1. 玉带桥

玉带桥建于清朝乾隆十五年（1750 年），是“西堤六桥”中唯一一座拱券结构的石桥（如图 7–4）。玉带桥拱高而薄，宛如玉带，故名。桥身用汉白玉和青石砌成，主拱券采用蛋型尖拱，配上双向反弯曲线的桥面，如驼峰突起，特别高耸，所以又被称为穹桥、驼背桥。秀美的桥身配以精致的汉白玉栏板，石栏望柱上雕刻着各种云飞鹤翔的图案，线条清晰，形象生动，呼之欲出。桥面呈阶梯式，便于游人行走。全桥充分体现出皇家园林雍容华贵、不落尘俗

的气质和优美轻盈的体态，其造型之美饮誉中外。1917 年，在美国纽约建成的跨度为 297.9 米的狱门桥就是以玉带桥为蓝本设计的，在钢拱上弦弧线两端，加了反向曲线，很美观，引起了世界建筑业的广泛重视。苏联桥梁专家苏珊夫曾高度赞美玉带桥："桥有波浪起伏的外形，当随着曲线上下桥时，游人眼前展开了不同角度的景色。" 园内古桥，以玉带为名者，不胜枚举，而此桥在艺术上最享盛名。

图 7-4 北京颐和园玉带桥

玉带桥两头有平沙长堤相延，堤上遍植垂柳桃树，每当春日柳丝绽翠、桃花放红的时候，一抹红绿相间的彩色长堤，飘浮在碧蓝的湖面上。而玉带桥那白玉般的桥拱隐没在绿树丛中，桥洞之下，碧波荡漾，桥和影融合在一起，景静影动，虚实相生，动静兼备，情趣横生，再配上远处西山、玉泉山和香山的衬景，洁白的桥更显得如玉带般纯正。

2. 十七孔桥

十七孔桥飞跨于昆明湖的东堤和南湖岛之间，是一座石拱桥。东堤是昆明湖东岸，北起文昌阁，南到绣漪桥，乾隆时为保护畅春园而筑，因为畅春园在堤东，故当时称西堤。后来，开拓昆明湖，又以此堤为湖的东界，就成为东堤了。堤上有一块大石碑，名昆仑石，上面刻有乾隆皇帝的《西堤诗》，有句云："西堤此日是东堤，名象何曾定可稽。"堤上有几处可观的景点，如铜牛、廊如亭等，但是最吸引游人的还是十七孔桥。

十七孔桥建于乾隆年间，桥长 150 米，宽 8 米，由 17 个券洞组成，是颐和园中最大的石桥。桥面微微隆起，形如初月出云，又似长虹饮涧，西连南湖岛，东接廊如亭，其造型兼有北京卢沟桥和苏州宝带桥的特点。

图 7-5 北京颐和园十七孔桥

在这辽阔的昆明湖上，十七孔桥借着西山层峦叠嶂的衬托，把颐和园美丽的水光山色装点得更加绚丽多姿（如图 7–5）。

十七孔桥建造得挺拔坚固，历 200 多年而无恙，桥栏望柱上有石狮 544 只，雕刻精细，形态各异，栩栩如生，争奇斗胜。或憨态可掬，或雄壮傲岸，或低觅湖水，或仰视蓝天，令人目不暇接。桥头还有石雕异兽，形象威猛。桥东端的廊如亭，俗称八角亭，是我国现存的亭子中最大的一个，由内外 3 圈 24 根圆柱和 16 根方柱支撑，八角屋顶重檐攒尖，枋檩全部饰以旋子彩画，造型舒展而稳重，气势雄浑，秀丽壮观，和十七孔桥相映生辉，是颐和园的重要景点之一。

3. 荇桥

荇桥又称织女桥，横跨在“卍”河的东西两岸，所以又叫“卍”字桥（如图 7–6）。就是从桥的外形来看，不论从正面还是从背面观察，都像一个“卍”字。

荇桥建于清朝乾隆年间，光绪元年（1875 年）重建。荇桥共三孔，中孔桥面平直，两个边孔的桥面为斜坡，便于行人上桥和下桥。中孔两个桥墩顶部，各雕刻一只石狮，两狮相向而立，造型生动俊美。登桥俯视，湖水清澈见底，荇藻随波荡漾，游鱼往来穿梭，故又称荇桥。

荇桥上有亭，碧黄金顶，气势雄伟，四周的白玉栏杆雕刻精致、秀丽，把桥亭装点得更加雍容华贵，气派大方。登桥亭远眺，可浏览昆明湖全景，一饱眼福。荇桥位于清晏舫的后边，桥西有五圣祠、迎旭楼、澄怀阁，皆四面环水，唯与荇桥相接，可通往来。

图 7–6　北京颐和园荇桥

四 井陉桥楼殿

苍岩山属太行山脉，位于河北省井陉县西南，是一处天然的旅游胜地，每年都有大批的国内外游客来这里观光。此山险峻挺拔，壁立千仞，古柏参天，白檀满涧，碑碣夹道，古刹禅房，金碧辉煌。这里气候温润，冬暖夏凉，风景如画。历代的文人骚客多有题咏，诸如：“五岳奇秀揽一山，太行群峰唯苍岩。”

苍岩山上最吸引游人的当属福庆寺。书院、万仙堂、峰回轩、公主祠、玉皇顶和桥楼殿是福庆寺的主要组成部分。这些造型各异、古朴壮丽的古建筑，在无声地向国内外游客讲述着中国古代建筑师们超凡入圣的才智和辛勤的劳动。这里几乎每一座古代建筑都有一个美丽动人的故事。公主祠，祭祀的是隋炀帝的大女儿南阳公主，祠内有南阳公主塑像，墙壁上绘有栩栩如生的巨幅壁画。南阳公主十四岁时，嫁给许国公宇文述的次子宇文士及，她知书达理，聪明贤惠，孝敬公婆，和睦妯娌，为时人所称赞。隋朝末年，她的大伯哥宇文化及谋杀隋炀帝后，被夏王窦建德打败，祸水殃及宇文家族，南阳公主被迫舍儿弃夫，到福庆寺削发为尼，死后，人们为她修了公主祠。

人们在游览福庆寺时，最喜欢登临的当是桥楼殿了。桥楼殿是福庆寺的主体工程之一。福庆寺建于隋朝，桥楼殿大约建于隋末唐初，它是在桥上建造楼殿的特殊桥梁。在我国桥梁史上，早在先秦时代就有在桥上建屋的记载了，而在桥上建造楼殿，当以桥楼殿为最早。桥楼殿是由桥和造在桥上的楼殿两部分组成的，桥是楼殿的基础，是楼殿的承重结构。桥楼殿诞生距今至少有一千年的历史，楼殿经过多次整修，现在的桥，还是隋末唐初建造的。

桥楼殿的桥，是一座单孔敞肩弧券石拱桥，桥拱券为纵向并列砌成，桥长 15 米，宽 9 米，跨径为 10.7 米，无横向拉杆（如图 7–7）。桥宽拱脚处比拱顶处宽 0.4 米，以增强拱的稳定性。拱肩上对称伏踞着两个小孔，拱石至今尚完好无损。桥拱跨在两头对峙的断崖之间，桥下是山涧，桥距山涧的底部大约 70 米。从桥上往下望，显得深邃可怕；从涧底向上望，桥身宛如飞虹凌空，高不可攀。诚如诗中所写："双崖断处造楼工，仿佛凌霄驾彩虹。仰视弧高盈万丈，登临疑是到天宫。"涧深崖高，桥势巍峨，登临艰难，

图 7–7　河北井陉桥楼殿

有如登天。

桥楼殿面宽5间，进深3间，周围回廊，为九脊黄绿琉璃瓦顶斗拱，重檐楼阁式建筑。桥楼殿坐西朝东，瓦顶平缓，飞檐翘角。整体而观之，桥楼殿高耸挺拔，巍峨险峻，设计巧妙，建造精细，显得恢宏壮观，金碧辉煌。

观光客或站在涧底仰视桥楼殿，或站在桥楼殿上俯视涧底，都会感到惊骇，产生无限的遐想：在这样险峻的地势上，造桥工匠是怎样在高空中架桥的？桥拱是怎样砌起来的？游人可以发挥想象力去猜测推想。有人说，是用木架顶木架，搭至70米，相当于拱券高度位置时，在木架上铺满树枝，再在树枝上抹上胶泥，然后砌筑拱券石。也有人说，先在断崖之间用巨木架设好拱架，然后再砌筑券石。但是，这两种方法，不论是哪一种，在建造时都是相当困难的。

五 太原鱼沼飞梁

鱼沼飞梁是我国现存最早的十字形桥梁，位于山西省太原市西南晋祠里的鱼沼上。全桥靠 34 根八角形石柱支托，石柱是用 30 厘米见方的抗酸性较强的铁青砂石做成的。柱子上面有普柏枋相交，枋上安置大斗，斗上施十字拱相交的承梁，梁上铺 3 厘米厚的半圆松木板。板上铺油毡（1953 年修复时所加），再筑 5 厘米厚的灰土，上铺灰色方砖桥面。正桥为东西向，长约 18 米，宽约 6 米；翼桥为南北向，长 6 米，宽 4 米。正桥与翼桥相交成十字形，在桥中心连成一个约 6.5 米见方的场地。桥边装有汉白玉的望柱和勾片栏杆。东端桥头望柱上，北镌“鱼沼”，南刻“飞梁”。

关于晋祠，清代大文学家朱彝尊在《游晋祠记》中是这样描写的：“晋祠者，唐叔虞之祠也。在太原县（今山西省太原市）西南八里……祠南向，其西崇山蔽亏，山下有圣母庙，东向。水从堂下出，经祠前。又西南有泉曰难老，合流分注于沟浍之下，溉田千顷。《山海经》所云‘悬瓮之山，晋水出焉’是也……环祠古木数本，皆千年物。郦道元谓‘水侧有凉堂，结飞梁于水上，左右杂树交荫，希见曦景’是也。”唐叔虞即周成王弟姬虞，封于唐，为周代晋国始祖。

鱼沼是晋祠圣母殿前的一个方形大水池（如图 7–8），东西宽约 15 米，南北长约 18 米。池子四周用 30 × 35 × 100 厘米的条石垒砌成壁。池子的西壁上开凿 6 个进水洞，用来接圣母神座下的泉水；池子的北壁上开凿 3 个进水洞，以接朝阳洞前善利泉的泉水；池子

图 7-8　太原鱼沼飞梁

的南壁上开凿 3 个进水洞，用来接难老泉的泉水。这样，圣母神座下的泉水、善利泉的泉水和难老泉的泉水，就都汇集在这个大水池子里了。池子里的水可以养鱼，所以称为鱼沼。鱼沼的东壁上开凿 2 个出水洞，池子里的水就是从这 2 个出水洞流出去，汇入晋水，用来灌溉农田。晋祠中的泉水、古建筑和圣母塑像，被誉为“晋祠三绝”，历来是文人墨客歌咏的对象。李白曾赞美晋祠：“时时出向城西曲，晋祠流水如碧玉。”

鱼沼飞梁造型优美秀丽，巧夺天工，正桥直跨池中，翼桥呈斜坡型，从上空看此桥，好像鸟有两翼，跃跃欲飞，所以称为飞梁。桥东月台上有铁狮两只，神态勇猛，铸于北宋政和八年（1118 年）。

游人站在鱼沼飞梁的平台上，可环视圣母殿、水母殿和池岸上的苍天古树，还可以俯视池中的游鱼；岸上的殿宇、古树倒映在水中，随波荡漾，如诗如画，情趣盎然。如果你在冬季来游，泉水的蒸气冉冉升腾，形成云遮雾绕的景象，殿宇里钟磬之声不绝于耳，如置身仙境，使人忘乎所以。鱼沼飞梁形制特别，历来受到桥梁专家的重视。

六 扬州瘦西湖里的古桥

瘦西湖位于江苏省扬州市西郊，其实是一条较宽的河道，原名保障河、炮山河，绕长春岭（即小金山）而向北，所以又叫长春湖。

扬州地处苏南大运河畔，是水旱码头，交通发达，集四方商旅，汇八方物资，又是盐业集散中心，市场繁华，商业兴隆，历千年而不衰，历代的达官贵人和富商巨贾，极尽奢侈享受之能事，大修园林，争奢斗富。六朝以来，瘦西湖便是风景胜地。隋唐以来，特别是清朝中叶，多次修建，使瘦西湖成为规模巨大的名胜风景区，成为山水自然美和人工园林艺术相结合的湖水山景胜地，可与杭州西湖相媲美，又别具一种清瘦秀丽之美。清代诗人汪沆诗曰："垂杨不断接残芜，雁齿虹桥俨画图。也是销金一锅子，故应唤作瘦西湖。"瘦西湖的美名由此远播。

瘦西湖现有水面面积为46公顷，沿湖筑有若干小园，园中小院相套，各园自成系统，各小园和各处风景互相映衬，相得益彰，要游完瘦西湖，得行4.3千米的游程。清朝乾隆年间是瘦西湖的全盛时代，园林长8千米，有24处著名风景区，100多处风景点。

瘦西湖以水取胜，山水相映，联结水中各景点的是桥，桥中最著名的是五亭桥和大虹桥。

1. 五亭桥

五亭桥位于扬州北门外莲性寺（旧名法海寺）后，距城约1.5千米处，跨瘦西湖，南接贺园，北连寿安寺。莲性寺位于水中央，有如莲花，寺后有堤名莲花梗，五亭桥就建在莲花梗上，所以又叫莲花桥（如图7-9）。

五亭桥长 55.3 米，是一座 15 孔石拱桥。桥始建于清朝乾隆二十二年（1757 年），这一年，乾隆皇帝准备第二次下江南，两淮巡盐御史高恒为了讨取乾隆皇帝的欢心，聘请名工巧匠，精心设计建造此桥。这座桥上置五亭，下列四翼，正侧有 15 孔，最大孔的跨度达 7. 13 米。桥身为拱券形，由三种不同的券洞联合。桥基的平面分成 12 个大小和形状不同的桥墩，主轴线上的桥墩最大，中间的两个呈“土”字形，左右两个为长方形。主轴线两侧有四对互相对称的方形桥墩，构成桥的四个翼角。桥墩全部用长方形大青石垒成。由于桥的券洞较多，砌筑相当复杂。桥的两端为石阶。桥的亭廊，中心一亭，四翼有四亭，亭与亭之间用廊相连。中亭为瓦顶重檐四角攒尖式，翼角四亭单檐，亭上有宝顶，四角上翘，亭内有天花板。五亭桥的桥基、桥身、桥亭，比例适当，造型纤巧，在建筑艺术上，五亭桥把稳重大方和剔透玲珑巧妙地结合起来，更显秀丽多姿。

桥的四周有石栏板，内面雕刻海棠花瓣形图案，望柱头上雕石狮。工艺精致传神（现在的望柱头石狮，是后来重修时雕的，工艺较粗糙）。石缝衔接处，用糯米汁黏合，坚固耐久。

五亭桥跨瘦西湖，是前往观香山和平山堂的必经之路，也是

瘦西湖的著名景点之一。每当晴夜月满时，十五个券洞中，各衔一月，在碧蓝的湖水中，金色滉漾，蔚为奇观，甚是好看，这是五亭桥的一大景观。登上五亭桥，环顾四周，平林葱葱，春水迢迢，水榭楼亭，瘦西湖的美景尽收眼底。文人墨客歌咏五亭桥的诗词甚多，《望江南百调》歌曰："扬州好，高跨五亭桥。面面清波涵月镜，头头空洞过云桡。夜听玉人箫。"把五亭桥的夜景写得惟妙惟肖。

图 7-9 扬州瘦西湖五亭桥

五亭桥自建至今，已有 260 多年的历史了。太平天国时期，桥上亭廊被焚，清朝光绪时重建。1933 年，因桥破损严重，又按照旧制重修。1951 年和 1953 年又两次增修，使五亭桥焕发出新的生机，重现昔日的风采。

2. 大虹桥

大虹桥横跨在瘦西湖上，是西园曲水通往长堤春柳的大桥（如图 7–10）。始建于明朝末年，初建时为木桥，因为桥上的栏杆是红色的，所以称为红桥。清朝诗人王渔洋曾有诗描写红桥的情景：“红桥飞跨水当中，一字栏杆九曲红。日午画船桥下过，衣香人影太匆匆。”清朝乾隆时，将木桥改建为石桥，有如一道彩虹从瘦西湖的东岸飞跨到西岸，遂改称为虹桥，因为扬州城内还有一座小虹桥，所以此桥又称为大虹桥，是瘦西湖的一大景观，也是文人墨客歌咏的对象。清初，大文学家孔尚任和邓孝威、李艾山、黄仙裳、宗定九、查二瞻诸文友，修禊于大虹桥，曾有诗云：“晴暖正逢修禊日，泛舟难得使君闲。庙堂有议还开海，宾客乘时且看山。隋苑池塘青草外，杏花楼馆绿杨间。笙歌更逐轻鸥去，遍采芳兰水一湾。”这些诗文使大虹桥声名远播，每年都有文人骚客聚会于大虹桥，行修禊事。乾隆年间，两淮盐运使卢雅雨在大虹桥作七言律诗四首，其中一首诗云：“绿油春水木兰舟，步步亭台邀逗留。十里画图新阆苑，二分明月旧扬州。”后来，依韵和他唱和的竟达 7 000 多人，编成一部 300 多卷的诗歌集，并绘有“虹桥览胜图”。其中有一首《梦香》词中说：“扬州好，第一是虹桥。杨柳绿齐三尺雨，樱花红破一声箫。处处驻兰桡。”可见，大虹桥的景观是极富诗情画意的，大虹桥的名声也因为众多诗人的歌咏而闻名遐迩。一时之间，大虹桥“雕栏曲曲生香雾，嫩柳纷纷拂画船”，盛况空前。桥侧有茶肆，是名士酒会之地，人称“大虹桥为北郊二十四景第一丽观”。

现在我们见到的大虹桥为 1972 年重修的。

图 7-10　扬州瘦西湖大虹桥

七 苏州园林古桥

苏州是一座历史文化古城，已有约3000年的历史，物华天宝，地灵人杰，自古就有“苏湖熟，天下足”的美誉，文人会集，才子辈出。在园林建造方面，苏州园林也是别具一格，既不同于皇家宫苑那样富丽堂皇，也不像杭州西湖和桂林山水那样聚天地之灵气，妙趣天成，而是贵在人工造作。在一个特定的天地中，由画师和园艺建筑师进行合作，因洼疏池，沿阜垒山，种花植木，营建亭榭，建造出一座座不是天生胜似天生的园林胜地。苏州园林，不论在质量上，还是在数量上，在全国都是独占鳌头，明清时代最多时竟达170多座，直到现在还有60多座园林保存完好，19座对外开放。

1. 网师园引静桥

网师园位于苏州市带城桥路阔家头巷，为苏州四大名园之一。原来是南宋兵部侍郎史正志的万卷堂的旧址，号“渔隐”，始建于南宋淳熙元年（1174年），后荒废。清朝乾隆时，光禄寺少卿宋宗元重建，名“网师小筑”。网师园占地约0.5公顷，现在仍保持其原来的园林布局。园中有一泓池水，水面约20米见方，池水清澈见底，有一座小石拱桥，名引静桥（如图7-11）。该桥以娇小精巧出名，桥长只有2米多，宽不到1米，仅能容一人过桥。桥的跨度为1.3米，是苏州市最小的桥梁。引静桥的石栏雕刻优美精细，姿态秀丽，端庄典雅，可以称得上是园林图画中的点睛之笔。

2. 虎丘普济桥

苏州市阊门外山塘街海涌山，又名虎丘，有“吴中第一名胜”“江左丘壑之表”的美名。虎丘有春秋晚期吴王阖闾墓、剑池摩崖题刻、云岩寺塔、云岩寺二山门、千人石等名胜。自东晋大臣王珣、王珉兄弟在此建别墅后又舍宅为寺（虎丘山寺）以来，这一处高仅30余米的小丘便日益增新添色，成了苏州一大风景区，远近游客莫不闻名而至。唐朝大诗人白居易任苏州刺史时，最喜游虎丘，自言“一年十二度，非少也非多”。他还主持开凿了山前塘河，旁筑塘路即山塘街，人称“白公堤”。大家都说游苏州不到虎丘，等于未游，

图7-11 苏州网师园引静桥

而到虎丘不走山塘，实为憾事。山塘街既窄且长，两侧民居栉比，山塘河与街并行，半街半河，高低错落。过半塘后民居渐疏，河道开阔，一座三孔大型石拱桥突然映入眼帘，它就是有名的普济桥（如图 7–12）。

普济桥始建于明朝以前，初为木石桥。明朝弘治七年（1494 年）地方人士周方等募捐改建为三孔拱形石级桥。清朝康熙四十九年（1710 年）建普济堂于桥南，桥名因之为普济。乾隆五十八年（1793 年）及其后嘉庆、道光、同治时期都曾进行过修葺，至 1925 年予以重建。全桥长 39.6 米，宽 3.25 米，跨径 20.3 米，今为苏州市区仅存的一座三孔大型石拱桥。大桥之旁又有一座小普济桥，俗称前浜桥，两桥相呼应，如同姊妹同行。小桥不加任何雕饰，花岗岩桥桩上放置三条长石板为桥面，旁置长石为桥栏，桥下三孔，水流恬静，波平如镜。

游览过普济桥一带的人都说，这里最有田园风味，“云霭水竹，田畴波池”“三尺绿波吹晓市，荡河船子载花还”，美不胜收。古色古香的石桥，袅袅升起的炊烟，幢幢相望的小楼，麦苗绿，菜花黄，桃红柳翠，蝶舞鸟唱，仿佛桃花源中景象。站在普济桥上，放眼四望，“终老此地余愿足矣”之念会油然而生。

图 7–12　苏州虎丘普济桥

八 杭州西湖古桥

西湖，又称武林水、钱塘湖、金牛湖和西子湖，位于浙江省杭州市。西湖三面环山，一面临市。因湖在城西，人们习惯地称之为西湖。西湖原是和钱塘江相连的浅海湾，后经沧桑变化，出海通路被淤塞，便形成内湖。湖体轮廓近似椭圆形，面积约6平方千米，水的面积约为5.2平方千米，湖岸周长15千米。苏堤和白堤将湖面分成外湖、里湖和后湖等部分。湖中有孤山、小瀛洲、湖心亭和阮公墩四岛。流入西湖的水源主要是金沙涧、龙泓涧和长桥溪。

西湖东面临城，南、西、北三面环山。吴山、南高峰、北高峰、飞来峰、葛岭、玉皇山等山峰多是天目山余脉，其中以南高峰和北高峰最高。山中泉水众多，比较著名的泉水有虎跑泉、龙井和玉泉。西湖就是承受这众多山泉活水冲洗，经过历朝疏浚治理，逐渐成为举世闻名的风景区的。早在南宋就有了苏堤春晓、平湖秋月、花港观鱼、柳浪闻莺、双峰插云、三潭印月、雷峰夕照、南屏晚钟、曲院风荷和断桥残雪等“西湖十景”。元朝又形成了六桥烟柳、九里云松、灵石樵歌、孤山霁雪、北关夜市、葛岭朝暾、浙江秋涛、冷泉猿啸、两峰白云、西湖夜月等“钱塘十景”。“西湖十景”和“钱塘十景”并称为“西湖双十景”。现在，以西湖为中心的近50平方千米的园林风景区内，著名的风景名胜已多达40余处，重点文物古迹30多处。峰岩洞壑，池泉溪涧，楼台亭榭，古树奇花，风景如画。古往今来多少文人墨客，为它讴歌吟诵，写出感人肺腑的绝唱。宋代大文豪苏东坡曾作《饮湖上初晴后雨》：“水光潋滟晴

方好，山色空濛雨亦奇。欲把西湖比西子，淡妆浓抹总相宜。”把西湖的美丽风景活现在读者面前。

西湖风景区水域辽阔，桥梁林立。桥不仅是风景区必不可少的交通建筑，有的桥还以自身的魅力和不寻常的经历传说而著称于世，成为西湖的一大景观，为西湖之美韵锦上添花。

1. 苏堤六桥

西湖苏堤上的映波、锁澜、望山、压堤、东浦、跨虹六座桥梁，是苏东坡于元祐四年（1089 年）到杭州任太守时建造的。当时，西湖已有一半淤塞了，苏东坡向皇帝呈上《乞开杭州西湖状》，请示疏浚西湖。得到批准以后，他组织 20 多万民夫，开掘葑滩，用挖出的葑泥，在湖上筑起一条长 2.8 千米的长堤。长堤南起南屏路，北接曲院风荷，贯通西湖南北。后来，人们为了纪念苏东坡，便将这条长堤称作苏堤。苏东坡曾写过一首诗记述苏堤的修筑情况，诗云：“我来钱塘拓湖渌，大堤士女争昌丰。六桥横绝天汉上，北山始与南屏通。忽惊二十五万丈，老葑席卷苍烟空。”

苏堤两岸遍植桃柳，春天的早晨，人们或漫步在苏堤上，或扶栏远眺，但见西湖在晨雾中慢慢地苏醒，春风拂面，桃花似锦，新柳如烟，“西湖十景”之一的“苏堤春晓”，即指此人间难寻之美景。而苏堤上的6座桥梁，则座座古朴典雅，落落大方，为苏堤增色添彩。

2. 断桥

断桥又名段桥，一名宝祐桥。位于里西湖和外西湖的分水点上，一端跨着环湖北路，一端连接白堤，为单孔石拱桥（如图7–13）。

桥堍东北角有一座“云水光中”水榭和“断桥残雪”碑亭。从前，桥堤烟柳葱青，露草芊绵，望如裙带，故得此名。唐代大诗人白居易曾在诗里写道：“谁开湖寺西南路，草绿裙腰一道斜。”

关于断桥名字的来历，有两种解释：一说是指从孤山的来路（白堤）到此而断，故而得名。唐代诗人张祜有诗说：“断桥荒藓涩，空院落花深。犹忆西窗月，钟声在北林。”另一说法是，南宋时，

图7–13　杭州西湖断桥

断桥顶端曾有一个木质跨桥亭，冬天下雪后，白雪积压在亭上，而桥顶上没有雪，远远望去，好像桥断掉了，所以称作断桥。现在，桥上的亭子已不复存在了。“断桥残雪”是西湖十景之一，指的是在冬尽春来之际，积雪未消，春水融融，拱桥倒映在水中，碧波荡漾，摇曳生姿。《白蛇传》中的白娘子和许仙在断桥相会中的断桥，就是指这座断桥。断桥也因《白蛇传》而蜚声海内外。

3. 长桥

长桥位于西湖的南面，南宋人周密的《武林旧事》一书说长桥位于南山路上。宋代以前的长桥，桥长 1000 米左右，现在我们见到的长桥是后来重建的（如图 7–14），并不长。实际上，早在明朝时，长桥已经不长了，明朝人陈赘曾对长桥的变化大发感慨：“前朝叠石架为梁，影落清波几夕阳。世事如今虽已改，桥名依旧尚称长。”

关于长桥名字的来历，也有两种说法。一说是长桥原来长1000米左右，是一座名副其实的长桥。宋代以前，西湖的面积比现在大得多，水面辽阔。现在的花港观鱼等处，当时都是湖面，花家山和丁家山当时都是湖中的岛。从西湖东南诸山流出来的溪水汇成三条小河，从长桥下流出。长桥以内皆为汪洋，湖水直至玉皇山下。当时，长桥下分3个水门，用巨石砌成，水口很宽，桥下装有水闸，以调节西湖水位的高低，长桥上建有亭子。后来，随着西湖不断淤塞变小，长桥也在不断缩短，直到现在的5米长。另一种说法是，过去在桥旁有一座亭子，就是越剧梁山伯送祝英台的那座十里长亭。梁山伯送祝英台过桥后，祝英台不忍相别，又把梁山伯送回桥这边，据说如此往返了十八次，这就是十八相送，结果，短桥也变成了长桥了。

图7-14 杭州西湖长桥

九 无锡金莲桥

金莲桥位于江苏省无锡市西的惠山寺内，横跨在金莲池上。惠山寺在惠山东麓，原为南朝刘宋司徒右长史湛挺的别业“历山草堂”。湛挺与宗室刘铄交情甚笃，留下很多唱酬的诗章，刘铄的诗中有“泉溜夏理深，林交昼长荫”“愿逐安期生，于焉惬高枕”等佳句，盛赞这里幽静的环境和归隐的清闲生活。景平元年（423 年），草堂改作僧房，称“华山精舍”。后来，惠山寺数度易名，几改其主，屡有毁建。寺内的莲花池建于南朝。金莲桥始建于北宋，随着岁月的流逝，屡圮屡修。

金莲桥为东西走向的三孔石梁桥（如图 7–15）。桥长 10.7 米，宽 3.4 米。桥的东西两端为石砌桥台，桥台的横帽石梁两端各雕一鱼首。中间是两座石砌桥墩，桥墩的横帽石梁两端各雕一螭首。桥身由 18 块石梁分三排架成，每孔由六块石梁组

图 7-15　无锡金莲桥

成，中间的四块为桥面石，两侧各为一块华版石，上承石栏杆，外侧雕刻缠枝牡丹间化生童子图案。桥身南侧中孔华版石边沿正中镌刻“懋德堂李府”五个大字，这是北宋钦宗皇帝赵桓于靖康元年（1126年）把惠山寺赐给丞相李纲作为他祭祀父母的功德院的佐证。桥的两侧石栏杆由透空石栏板和莲花望柱相间组成，桥栏两端各有一抱鼓石。金莲桥是用紫褐色武康石凿制架成，桥身略呈弧形，造型小巧秀美，匀称庄重；雕饰线条流畅，刀法娴熟，不失为刻石中的上乘精品。金莲桥历尽沧桑，阅尽人间的风云变幻，部分桥面石、华版和栏杆望柱等，都已风化损坏。1977年对金莲桥进行大规模整修，将原桥上损坏的石料改换成仿制的黄色阳山石和素面花岗石，图案和刀法虽不如原石精良，但是仍能看出当年娟秀隽美的艺术风采。1982年，惠山寺金莲桥被列为第三批江苏省文物保护单位。

十 松江方塔园望仙桥

在上海市松江区中山东路南侧，有一处占地 172 亩的园林，其特点是以文物为主体，名字叫方塔园。方塔园坐南朝北，园林中央是一片大广场，广场四周是文物古建筑群：宋代方塔、明代砖砌照壁和厅堂、清代天妃宫大殿，以及仿古长廊、茅亭、草竹厅、水榭、石舫、堑道等。园中许多古建筑是从别处迁入的，但是望仙桥则是园林中旧物。方塔园于 1982 年 10 月建成，正式对外开放。

望仙桥是一座石梁桥（如图 7-16），始建于南宋绍熙年间，至今已有 800 多年历史了，仍保存完整。望仙桥外形古朴，结构简练，石梁上有莲花纹图案。桥面用武康石建造，略呈拱形，其弧线条十分自然。石梁下以木梁垫承，现木梁已腐朽，但是桥墩、石柱、梁眼仍清晰可见。望仙桥是松江区最古老的石桥，也是上海地区最古老的石桥之一。去松江观光，不能不游方塔园。游览方塔园时，切莫错过望仙桥。

图 7-16 上海松江区方塔园望仙桥

十一　庐山三峡桥

江西庐山雄峙于长江和鄱阳湖间，山势壮丽奇伟，宋代大诗人苏东坡曾写诗赞美说：“横看成岭侧成峰，远近高低各不同。不识庐山真面目，只缘身在此山中。”庐山景色天成，是著名的避暑和游览胜地。历代巧匠又添设了许多景点，与庐山的天然风光浑然一体，使庐山的风景更加壮美动人。栖贤寺是庐山南麓的一个重要人工景点，三峡桥就在栖贤寺东的三峡涧上（如图 7–17），因栖贤寺而闻名遐迩。

三峡桥又名栖贤桥、观音桥，始建于北宋真宗大中祥符七年（1014 年）。关于三峡桥名的来历，宋代诗人苏辙在他的《庐山栖贤寺新修僧堂记》中说：“谷中多大石，岌嶪相倚，水行石间，其声如雷霆，如千乘车行者，震掉不能自持，虽三峡之险不过也，故其桥曰三峡。”栖贤寺位于庐山南麓的石人峰下，北距牯牛岭、南距庐山市均 10 千米，因唐代名贤李渤曾在此寺隐居读书而得名。寺所在的山谷名栖贤谷，谷有一潭，名玉渊潭。潭东为三峡涧，桥就横跨在三峡涧上。涧水源出于五老、汉阳和太乙诸峰之间的山泉小溪，诸流合于三峡涧，流到栖贤寺前合为一水，三峡涧口有一块巨石，上突下敛、水势凌空斜飞，坠入谷中的玉渊潭。桥以寺名，故称栖贤桥。三峡桥系僧人文秀和德朗募化修造，桥旁又有观音寺，故又俗称观音桥。僧人修桥是北宋以来佛门中逐渐出现的一种新风气。修桥铺路，历来被认为是“修善积德”的好事，这在佛教的经典中也有所反映，比如《华严经》中就有“广度一切，犹如桥梁”

图 7-17 江西庐山三峡桥

的说法。宋朝以后，僧人修桥铺路日益风行，到南宋时泉州地区竟出现了僧人造桥的热潮。究其原因，一方面是因为当时东南经济的畸形发展，寺院积累了大量钱财，另一方面也体现了禅宗南派僧人的佛教改革需要，他们主张不搞烦琐的宗教仪式，不提倡坐禅念经，认为从事挑水担柴，也能起修炼作用。再者，僧人们想以此来缓和寺院和世俗地主阶级的矛盾，所以就出现了僧人修桥这一社会现象。

三峡桥以山石做桥基，凌空横跨三峡涧南北两岸，用三峡涧岩石的地形地貌，南高北低。全长 24. 45 米，桥面宽 4.94 米，桥孔跨径为 10. 33 米，用九道单独并列券砌筑。现在东西两侧已各毁一道，现存七道券，券石首尾相衔，凹凸楔接，券石按榫卯的凹凸形分为四种，共用石 107 块。

桥下中心券石上刻有阳文：“维皇宋大中祥符七年岁次甲寅二月丁巳朔建桥，上愿皇帝万岁，法轮常转，雨顺风调，天下民安，谨题。”据此则此桥已历时逾千年。东侧外券第六石上刻有“江州（今江西省九江市）匠陈智福、弟智海、智洪”字样；东侧第二券第七石上刻有“建州（今福建省建瓯市）僧文秀教化造桥”字样；西侧外券第七石上有“福州僧德朗勾当造桥”字样。这些记载说明参与修造此桥的有江西和福建的工匠与僧人。此外，桥墩下还有宋朝以来旅游者的题记。北面桥墩壁上刻有莲花图案，就其刀法风格来看，大约是南宋时的作品。

三峡桥和赵州桥一样，都采用并列券石建造，凹凸相楔的拱石，坚固耐久。据《庐山志》载：“我国千年前之工艺已臻此境，今欧美人士游此者常称之。”

三峡桥飞跨在三峡涧两岸，地势险要，桥面距离水面甚高。王袆在《三峡桥游记》中写道：“桥上俯视涧底，亡虑百千尺。或云以瓶贮水五升许，从瓶嘴中泻出，缕缕下注，瓶竭，水乃注涧底。”朱熹诗云：“足掉不自持，魂惊讵堪说。”道出从桥上俯视涧底使人魂惊神丧的恐惧心态。桥的上游不远处，有一块方整的大石横亘于涧上，其状如棺，俗称棺材石，上刻“回溺”“水哉”等字。相传此石是建桥时用以缓和上游水势而设置的。桥的西侧又有观音亭、玉峡湾，桥下涧水终年激流汹涌，两岸苍松翠柏屏列回护，与雄伟壮观的三峡桥一起构成了一幅宏丽无比的图画。正如欧阳修后代、元朝史学家和文学家欧阳玄描写的那样：“百尺悬潭万道山，一虹横枕翠微间。半天云锦开青峡，几地轰雷撼玉关！”

三峡桥历来是文人墨客吟咏的对象，而且为诗为文者中名人甚多。《潘耒游记》说："桥截壑为梁，溪水湍悍，就崖石为址，下圆而上平，工巧类神造。下有潭曰金井，窥之黝黑，深不可穷。峡石皆赭色，奋迅角力。水行其间，奔腾跳跃，相搏相摩，尽水石之变。"宋代大诗人黄庭坚在《栖贤桥铭》中说："银河倾泻，起蛰千雷。"宋代状元王十朋写诗赞道："滟滪瞿塘在眼前，便应从此上青天。秋风脱叶随流下，疑是千帆出峡船。"苏东坡在《栖贤桥诗》中说它是"空濛烟雨间，澒洞金石奏。弯弯飞桥出，潋潋半月彀。"从这些描写中，足见三峡涧之险，三峡桥之雄伟壮观。人说到庐山观光不到栖贤寺，为白来一趟；到栖贤寺不观赏三峡桥，将懊悔终生。

十二　桂林花桥

桂林的山水是大自然的鬼斧神工，妙趣天成，素有“桂林山水甲天下”的美誉。一些人工景点锦上添花，给桂林的旖旎风光更增加了无穷的风采和情趣。桂林花桥的“花桥烟雨”，就是人工造就的桂林一大胜景。

花桥，原名嘉熙桥，俗名天柱桥，位于桂林水东门外，七星公园大门前，横跨漓江支流小东江与灵剑溪汇流处（如图7-18）。始建于宋朝嘉熙年间，初名嘉熙桥，元朝时被大水冲毁。明朝景泰七年（1456年）重建木桥，明嘉靖十九年（1540年）改建为石拱桥，改名为花桥。桥东岸有一座小山，突兀如柱，高四五丈，约五十围，人以为神，称之为芙蓉石，又称天柱，石

北半腰刻有两则水文资料，对研究桂林的水情有一定参考价值。

花桥由水桥和旱桥两部分组成，水桥 4 孔，旱桥 6 孔，旱桥衬托水桥，起引桥作用，以延缓桥的坡度，颇具匠心。秋冬季节，小东江水位低，江水由水桥流动，春夏季节，雨水充沛，河水猛涨，旱桥助水桥共同排洪，设计巧妙实用。水桥上有琉璃瓦屋面的桥廊，旱桥下面铺满海底石。花桥长 134. 66 米，桥面宽 2.5 米，高 7.2 米。桥梁基础放在 2.4 米宽的松木木筏上，木筏由 48 根方木分为 2 层纵横平铺而成，方木互相紧贴，没有使用螺栓或铁活锚固，以免年久锈蚀。木筏下铺有 38 厘米厚的碎石垫层，碎石下为天然鹅卵石地基，基础坚固牢靠。

图 7-18 桂林花桥

花桥的桥孔跨度、高度以及拱厚、桥廊和扶栏，都是精心设计的，比例匀称，形态优美动人。

桥廊施以彩绘（如图 7–19），水桥下 4 孔，倒影成圆，显得富贵玲珑。漫步在花桥上，七星岩诸峰近在咫尺，举目望去，云蒸霞蔚，赏心悦目，美不胜收。“花桥烟雨”是桂林一大风景，每年都吸引众多的观光客前来游览。

图 7–19　桂林花桥桥廊